MÉMOIRE

POUR

M. Alphonse-Louis PINARD,

Agissant tant en son nom personnel qu'au nom du SYNDICAT DE BANQUIERS
qu'il représente,

CONTRE

M. LE MINISTRE DES FINANCES.

Décision de M. le Ministre des Finances, du 17 janvier 1868.

Obligations Mexicaines, dites de la seconde série. —
Négociation et Placement. — Contrat du 28 septembre 1865.
Résiliation. — Force majeure.

Présidence de M. MARCHAND,
Président de la section du Contentieux.

Rapporteur : M. Gaslonde, Conseiller d'État.

Commissaire du Gouvernement : M. . . . .

Plaidant : MM^{es} Fosse et Groualle, Avocats au Conseil d'État.

PARIS

IMPRIMERIE CENTRALE DES CHEMINS DE FER

A. CHAIX ET Cie

RUE BERGÈRE, 20, PRÈS DU BOULEVARD MONTMARTRE

1868

TABLE

MÉMOIRE

POUR

M. Alphonse-Louis PINARD,

Agissant tant en son nom personnel qu'au nom du SYNDICAT DE BANQUIERS
qu'il représente,

CONTRE

M. LE MINISTRE DES FINANCES.

Décision de M. le Ministre des Finances, du 17 janvier 1868.

« La question de savoir s'il y avait réellement force majeure a été examinée avec le plus grand soin par le Gouvernement. Il a examiné la lettre du contrat ; et les circonstances, les causes politiques qui l'avaient déterminé à retirer ses troupes et à fixer officiellement et solennellement l'époque de ce retrait, et d'autre part les événements qui s'accomplissaient au Mexique l'ont déterminé à penser qu'il n'était pas possible d'exiger des souscripteurs du contrat du 28 septembre 1865 l'exécution de leurs engagements, parce qu'ils étaient en face d'un fait qui avait les proportions d'une véritable force majeure. »

(Discours prononcé devant le Corps législatif par M. Rouher, ministre d'État et des finances, le 20 juin 1867.)

EXPOSÉ.

L'affaire actuelle se rattache à l'une des grandes opérations financières occasionnées par l'expédition du Mexique.

Le traité de Miramar, en reconnaissant à la France une créance de 270 millions, lui avait attribué, à valoir sur cette créance et sur les indemnités dues aux sujets français, 6,600,000 francs de rente mexicaine 6 0/0, devant produire un capital de 66 millions.

5,400,007 fr. 80 c. de rente devaient s'imputer sur l'indemnité de guerre; le surplus, 1,199,992 fr. 20 c., sur les indemnités dues à certains Français établis au Mexique.

Le titre total de 6,600,000 francs devait être prélevé sur un emprunt que le Gouvernement mexicain se proposait de faire en rentes 6 0/0.

Cet emprunt, tenté en 1864, fut confié, en Angleterre, à la maison Glyn et Cie, et, en France, au Crédit mobilier.

Quoique le taux de l'émission ne fût que de 63 francs, l'emprunt dont il s'agit ne réussit que fort incomplétement. Une très-faible partie fut souscrite par le public.

En présence de ce résultat et des besoins impérieux du Gouvernement mexicain, le Gouvernement français s'abstint de réclamer son contingent dans le produit de la souscription, et il garda dans son portefeuille son titre de rente non réalisé.

Un *second emprunt*, devant produire un capital de 170 millions, eut lieu au mois d'avril 1865, sous la forme d'obligations auxquelles étaient attachés de nombreux avantages : intérêts annuels considérables , remboursement par tirage au sort , second remboursement au bout de cinquante ans. Ces obligations, au nombre de 500,000, furent négociées au nom du Gouvernement mexicain par M. de Germiny, président de la Commission des finances du Mexique établie à Paris, à une Compagnie de banquiers que représentait M. Pinard, et qui se chargea du placement de ces valeurs.

Ce mode d'emprunt obtint le plus complet succès.

Le Gouvernement français avait fait insérer, dans le contrat relatif à l'emprunt de 1865, une clause portant que les rentes perpétuelles 6 0/0 (emprunt Glyn-Pereire) pourraient être converties en obligations formant une SECONDE CATÉGORIE semblable à la première et jouissant des mêmes avantages.

Conformément à cette clause, la Commission des finances du Mexique prit, à la date du 26 septembre 1865, une décision qui autorisait les porteurs desdites rentes, souscrites en 1864, à en effectuer la conversion.

Au même moment, M. le ministre des finances cherchait à réaliser, pour le titre de 6,600,000 francs de rente appartenant au Trésor français, un traité analogue à celui qui avait été passé au mois d'avril précédent par le Gouvernement mexicain avec le syndicat de banquiers dont nous avons parlé.

M. le Ministre était en pourparlers à ce sujet avec M. Pinard. Mais les circonstances n'étaient plus les mêmes qu'au mois d'avril, et les banquiers résistaient aux propositions ministérielles.

Il existait déjà dans le commerce 500,000 obligations mexicaines, et il s'agissait d'y ajouter, non-seulement celles qui proviendraient de la conversion du titre appartenant au Trésor français, mais encore celles qui résulteraient de la conversion du solde de rentes resté entre les mains du Gouvernement mexicain. Il fallait tenir compte, en outre, de la conversion en obligations des rentes qui se trouvaient entre les mains de particuliers par suite des souscriptions de 1864.

On reconnut nécessaire d'accorder aux intermédiaires, *pour le placement des nouvelles obligations, un délai d'un an, divisé en douze termes égaux, et qui serait même susceptible de s'étendre jusqu'à dix-huit mois.*

Comme il s'agissait d'ailleurs de valeurs appartenant au Trésor public, le Gouvernement promit le concours de tous ses agents financiers, des receveurs généraux, des receveurs particuliers et des percepteurs.

Au mois d'avril 1865, le syndicat qui s'était chargé de la négociation de l'emprunt de 170 millions, y avait mis pour condition formelle et avait obtenu que le Gouvernement français déclarât officiellement que notre armée ne quitterait le Mexique qu'apres la consolidation du trône de Maximilien. Le traité du mois de septembre, relatif aux titres du Gouvernement français, intervint sous la foi des promesses faites à cet égard, et, en outre, comme le placement des nouvelles obligations devait se prolonger pendant une année au moins, les banquiers prévirent le cas où, par suite de force majeure, l'entreprise commencée viendrait à échouer.

M. Pinard écrivit à ce sujet à M. le ministre des finances, le 28 septembre 1865, la lettre suivante :

« Au moment de signer le contrat par lequel je prends à mes risques et périls les 174,603 obligations mexicaines du Trésor public, représentant une somme de 52,381,000 francs, permettez-moi, Monsieur le Ministre, de stipuler une réserve dont Votre Excellence appréciera l'opportunité et l'équité.

» EN CAS DE FORCE MAJEURE, c'est-à-dire *si le Gouvernement mexicain était renversé par une guerre ou par une révolution,* le contrat sera *résilié de plein droit,* sans indemnité pour la partie restant à exécuter.

» Dans le cas où je rencontrerais des difficultés pour écouler dans les douze mois les 52 millions de francs de valeurs mexicaines que je vais acquérir, Votre Excellence a consenti à proroger de six mois les termes à payer, en ajoutant, bien entendu, à chaque terme, l'intérêt à 3 0/0 l'an.

» Si Votre Excellence veut bien approuver les réserves que je viens d'indiquer, je la prie de vouloir bien me le notifier. »

M. le ministre répondit le même jour :

« Monsieur, je m'empresse de vous accuser réception de votre lettre en
» date de ce jour, et de vous faire connaître que je donne ma complète
» adhésion aux CONDITIONS ÉVENTUELLES qu'elle renferme. *En conséquence, le*
» *contrat à intervenir pourra, suivant les cas que vous spécifiez,* ÊTRE RÉSILIÉ DE
» PLEIN DROIT OU prorogé. »

L'exposant se trouvait ainsi garanti, non-seulement contre l'abandon volontaire de l'entreprise mexicaine par la France, mais encore contre l'insuccès éventuel de nos armes dans le cas où tous les efforts du Gouvernement seraient impuissants pour triompher des obstacles qu'il rencontrerait, et, dans ces conditions, M. Pinard consentit à signer un traité ainsi conçu :

Article unique.

« M. Pinard achète au Trésor public les 261,905 £ de rente mexicaine 6 0/0 1864, donnant droit à 174,603 et 1/3 obligations de 500 francs chacune, d'une deuxième série jouissant des droits et avantages stipulés en la décision de la Commission des finances du Mexique du 26 septembre 1865.

» Cette acquisition est faite au prix net et ferme de 300 francs par obligation, jouissance à partir du 1er octobre 1865.

» La somme de 52,381,000 francs sera productive d'intérêts calculés à raison de 3 0/0 l'an, à partir du 7 novembre 1865, et elle sera payée en douze termes mensuels égaux, le premier échéant le 7 novembre 1865, et le dernier finissant le 7 octobre 1866.

» M. Pinard pourra anticiper les versements d'un ou de plusieurs termes, et il aura droit, dans ce cas, à une bonification d'escompte calculée à raison de 3 0/0 l'an.

» Les obligations seront remises au contractant revêtues d'un timbre.

» Les chances résultant des tirages semestriels pour remboursements des obligations avec lots et primes, ainsi que les coupons d'intérêts à échoir, jusqu'au dernier paiement sur les 174,603 et 1/3 d'obligations ci-dessus, appartiendront de droit au contractant.

» Paris, 28 septembre 1865. »

Ce traité, il est inutile de le faire remarquer, était rédigé en vue de l'hypothèse où, conformément à la pensée des deux parties contractantes, il devrait recevoir son entière exécution, parce qu'aucune des causes prévues de résolution ne se réaliserait. Dans l'hypothèse contraire, M. Pinard cesserait d'être acheteur avec les conséquences sus-indiquées, à partir du moment où le contrat devrait être résilié.

M. Pinard était-il du reste un acheteur véritable, proprement dit, recevant pour le compte du syndicat de banquiers tous les titres du Gouvernement français ? Ou bien, au contraire, le syndicat ne devait-il être, au fond des choses et dans la pensée commune des parties contractantes, qu'un intermédiaire chargé sous certaines conditions d'écouler ces titres, en faisant appel au public, par la voie des souscriptions ?

Comme nous le verrons, le syndicat des banquiers n'était réellement qu'un intermédiaire, qui devait verser au Trésor un prix uniforme pour chaque obligation reçue et livrée, quel que fût le taux
auquel il aurait pu lui-même en faire le placement.

Cette qualité d'acheteur ou d'intermédiaire n'a, au surplus, aucune
importance pour la solution de la question soumise au conseil d'Etat.

Poursuivons l'exposé des faits.

En même temps que M. Pinard concluait avec le Gouvernement
français le traité sustranscrit, il passait avec M. de Germiny, le même
jour, 28 septembre 1865, un traité conçu en termes identiques et accompagné des mêmes réserves, relativement à 56,540 obligations
appartenant au Gouvernement mexicain, et provenant de la conversion
du reliquat de rentes 6 0/0 qui n'avait pas été souscrite lors de l'emprunt de 1864.

Ces deux traités n'avaient été conclus que dans la pensée commune à toutes les parties contractantes, et, comme nous l'avons dit,
sur la foi des déclarations du Gouvernement français, qu'il poursui-
vrait son œuvre au Mexique et achèverait de consolider l'empire de
Maximilien.

Le syndicat ne pouvait d'ailleurs connaître le véritable état des
choses au Mexique que par les récits et par le témoignage du Gouvernement lui-même, et, en toute circonstance, le Gouvernement
avait pris soin d'annoncer la situation comme prospère et d'affirmer
le succès de l'entreprise.

Cependant, au bout de quelques mois, la politique française était
complétement changée, et, par des causes que nous devrons faire
connaître, le Gouvernement prenait des résolutions et des mesures
qu'il tint longtemps cachées et qui devaient nécessairement amener,
dans un bref délai, la chute de l'empire mexicain.

Si M. Pinard eût connu ces résolutions, il eût pu et dû réclamer
immédiatement la résiliation des traités intervenus, et qui assurément n'auraient pas été acceptés par lui s'il eût connu la véritable
situation des affaires au Mexique à l'instant où il avait contracté.

Dans l'ignorance où il se trouvait, et en butte aux difficultés que présentait le placement des obligations, il se borna à adresser à M. le Ministre des finances, le 9 janvier 1866, une lettre par laquelle il lui demandait de proroger de six mois le délai fixé pour l'exécution, conformément à l'une des *réserves stipulées le 28 septembre 1865.*

« Je prends la liberté, portait la lettre du 9 janvier 1866, de rappeler à Votre Excellence que, d'après la convention éventuelle stipulée dans la lettre qu'elle me fit l'honneur de m'adresser le 28 septembre 1865, il *fut réservé que, dans le cas où le syndicat rencontrerait des difficultés* pour écouler dans les douze mois les 174,603 1/3 obligations acquises par lui, Votre Excellence prorogerait de six mois les termes de paiement sous la condition que les intérêts courraient à raison de 3 0/0 pour chacun de ces termes.

» Jusqu'à ce jour le syndicat a déjà effectué le paiement de trois termes, ce qui représente le *quart du prix des obligations,* bien que *malgré tous ses efforts il n'ait pu encore en écouler que le huitième environ.*

» Je viens donc prier Votre Excellence de vouloir bien lui accorder le bénéfice de la convention ci-dessus rappelée, en prorogeant de six mois les termes dont le paiement reste à effectuer au Trésor, et dont le premier arrive à échéance le 8 février prochain. »

Par une dépêche du 5 février 1865, M. le ministre accorda, sans aucune difficulté, la prorogation demandée.

« Monsieur le directeur, écrivit-il, en réponse à votre lettre du 9 janvier, je m'empresse de vous faire connaître que je consens à la prorogation de six mois que vous me demandez pour le paiement des obligations mexicaines. En conséquence, le *dernier terme mensuel de payement est fixé au 7 avril 1867,* et, à chaque terme mensuel à partir du 7 de ce mois, la somme que vous aurez à payer au Trésor se trouvera réduite à 2,618,800 francs.

» Il demeure entendu que l'intérêt à 3 0/0 stipulé par le contrat sera ajouté à chaque terme, et, d'un autre côté, vous aurez la faculté d'anticipation au même taux d'intérêt. »

A partir de ce moment, la dépréciation des obligations mexicaines ne cessa de s'accroître, et, cependant, les banquiers continuèrent d'exécuter le traité jusques et y compris le terme d'avril 1866.

Ils complétèrent le versement des six premiers termes, et c'est à tort que, depuis, l'on a allégué que les versements des mois de mars et d'avril n'auraient été, ni réguliers, ni complets. Les versements antérieurs ayant consisté en douzièmes, la différence entre les douzièmes et les dix-huitièmes avait dû être déduite des sommes restant dues et s'imputer sur les plus prochains versements à effectuer.

Le Trésor, de son côté, n'avait pas livré la totalité des titres correspondant aux termes payés , et il importe de noter cette particularité parce qu'elle montre que les versements d'espèces faits par le syndicat étaient en avance sur les placements par lui réalisés. En avril 1866, 800 obligations restaient à livrer sur les termes acquittés, et ces 800 obligations ne furent remises par le Trésor que six mois après, au mois d'octobre suivant, lorsque les comptes furent balancés.

Cependant, le 5 mai 1866, M. Pinard recevait de la direction du mouvement des fonds l'avis suivant :

« MONSIEUR,

» Le 7e terme de paiement stipulé par le contrat relatif à l'aliénation des obligations mexicaines échéant le 7 de ce mois, je vous invite à verser à la caisse centrale du Trésor la somme de 2,909,700 francs, en échange de laquelle il vous sera remis 9,699 obligations libérées, jouissance à partir du 1er avril dernier.

> » *Le Directeur du mouvement des fonds,*

> » *Signé:* SAPIA. »

Mais alors les bruits les plus alarmants s'étaient répandus et avaient pris une grande consistance.

Bien qu'ils fussent démentis par les publications et les déclarations officielles du Gouvernement, le syndicat jugea indispensable de réclamer la suspension de l'exécution du traité.

Pendant cette suspension, le jour ne pouvait manquer de se faire sur la situation véritable. En attendant, *les droits respectifs des parties, du syndicat et du Trésor, devaient être réservés.*

M. Pinard écrivit en ce sens à M. le ministre, le 9 mai 1866 :

« Monsieur le Ministre,

» Le septième terme de paiement stipulé par le contrat d'aliénation des obligations mexicaines venant à échéance le 7 de ce mois, M. le Directeur du mouvement général des fonds m'invite, par une dépêche en date du 5 mai courant, à verser à la caisse centrale du Trésor la somme de 2,909,700 francs contre remise de 9,699 obligations libérées, jouissance à partir du 1er avril dernier.

» Le syndicat, auquel j'ai donné communication de cette dépêche, m'a chargé de faire appel à la haute équité de Votre Excellence en signalant à sa sérieuse attention les circonstances graves et imprévues qui, depuis le traité, sont venues modifier si profondément les conditions du contrat intervenu entre le Gouvernement et lui.

» Dans l'état actuel des choses......., il ne saurait........ continuer le versement régulier aux échéances des termes stipulés au traité.

» J'ai, en conséquence, l'honneur de vous prier en son nom, Monsieur le Ministre, de vouloir bien AJOURNER le paiement de ces termes *sous la réserve des droits respectifs des parties*, jusqu'à ce que les circonstances redevenues meilleures les aient replacées dans les conditions normales en vue desquelles elles avaient traité.

» Veuillez agréer, etc.

» *Signé* PINARD. »

M. le ministre ne méconnut, ni l'opportunité, ni la légitimité de cette demande, à laquelle il ne répondit que le 16 juillet 1866.

Il laissa ainsi l'exécution suspendue pendant plus de deux mois.

Le 16 juillet, il adressa à l'exposant une lettre par laquelle il *reconnaissait explicitement la gravité de la situation*, et qui devait provoquer de la part du syndicat des résolutions définitives.

« Par votre lettre du 9 mai dernier, écrivit-il, vous m'avez prié d'ajourner le paiement du terme échu le 7 du même mois, sur le contrat relatif à l'aliénation des obligations mexicaines; depuis, deux nouveaux termes mensuels sont échus et demeurés impayés.

» Tout en prenant en considération les motifs que vous avez invoqués au sujet de cet ajournement, je ne puis différer davantage l'exécution du contrat. Je vous invite en conséquence à vouloir bien acquitter les termes arriérés, et à prendre en échange livraison des titres correspondants. »

A cette époque, les prévisions du syndicat s'étaient réalisées, la lumière s'était faite sur l'entreprise mexicaine. *Donnant suite à sa lettre du 9 mai* et aux réserves expresses qu'elle contenait, le syndicat adressa à M. le ministre des finances, le 4 août 1866, une nouvelle lettre par laquelle il lui déclarait formellement qu'il considérait le traité comme résilié et se tenait lui-même pour délié de ses engagements.

Citons quelques passages de cette lettre du 4 août 1866.

« Paris, le 4 aout 1866.

» Monsieur le Ministre,

» J'ai l'honneur de vous accuser réception de la dépêche que vous m'avez adressée le 16 juillet dernier, par laquelle vous m'informez que, tout en prenant en considération les *motifs que j'avais indiqués à l'appui de l'ajournement* du paiement des termes restant dus sur le contrat relatif à l'aliénation des obligations mexicaines, vous ne pouvez différer davantage l'exécution du contrat et vous m'invitez à acquitter les termes échus contre livraison des titres correspondants.

» Que Votre Excellence veuille bien me permettre de lui rappeler, en réponse à cette demande, les circonstances dans lesquelles est intervenu le traité fait avec le Gouvernement, et de lui exposer sommairement les faits graves qui se sont produits depuis, contrairement à toutes les prévisions, et *qui en rendent aujourd'hui l'exécution impossible.*

» A l'époque où je suis devenu acquéreur des obligations mexicaines de la deuxième série appartenant au Trésor, les banquiers et capitalistes, au nom desquels j'agissais, étaient profondément convaincus, d'après les déclarations réitérées du Gouvernement, que le nouvel Empire fondé au Mexique aurait le temps *de se consolider et de régulariser l'état de ses finances, sous la haute protection de la France.*

» Et, en effet, le départ de M. Langlais, chargé, comme ministre dirigeant, de l'organisation des différents services financiers du Mexique, la promesse d'établissement d'une banque destinée à servir de pivot à cette organisation, la nomination d'une Commission des finances du Mexique siégeant à Paris et présidée par un sénateur, ancien gouverneur de la Banque de France, enfin la présence au Mexique d'un corps d'armée commandé par un maréchal de France, tout concourait à leur donner l'assurance que, en se portant cessionnaires de ces titres, ils traitaient d'une VALEUR PLACÉE SOUS LA SAUVE-GARDE DE LA FRANCE.

» D'un autre côté, *l'autorisation donnée au Comptoir d'escompte, chargé de la vente des obligations, d'emprunter pour cette opération le concours des receveurs généraux et particuliers des finances,* n'a pu que les confirmer dans la pensée que le Gouvernement prenait directement sous son patronage les titres qu'il s'agissait d'offrir au public et de placer jusque dans les plus petites communes de la France.

» Tel était l'état des choses *au moment de la signature du traité.*

» Depuis cette époque, la situation a entièrement changé.

» Le Gouvernement français s'est engagé à retirer ses troupes du Mexique dans un délai de dix-huit mois; il a confirmé cet engagement par une déclaration officielle faite dans les Chambres, et a pris avec l'empereur Maximilien les arrangements nécessaires pour en assurer l'exécution. Enfin,

M. Langlais est mort ; les projets d'établissement de la Banque du Mexique, devenus irréalisables, sont complétement abandonnés, et l'état des finances de ce pays, qui empire chaque jour, fait même craindre que *le coupon des obligations échéant le 1ᵉʳ octobre prochain ne soit pas payé.*

» Cet ensemble de faits est le RENVERSEMENT ABSOLU DU SYSTÈME PRÉCÉDEMMENT ADOPTÉ PAR LE GOUVERNEMENT, ainsi que de toutes les PRÉVISIONS SUR LA FOI ET EN VERTU DESQUELLES NOUS AVONS TRAITÉ.

» Dès le mois de janvier dernier, toute vente d'obligations était déjà devenue pour nous impossible, les cours s'affaiblissant chaque jour, jusqu'à tomber à 125 francs, c'est-à-dire à 60 0/0 au-dessous du prix fixé par notre contrat.

» Telle a été la conséquence immédiate des changements survenus dans la politique du Gouvernement.

» Nous avons fait néanmoins, jusqu'au mois d'avril, des efforts et des sacrifices considérables pour maintenir la position et lutter contre la dépréciation des cours, et nous avons pris livraison des mains du Trésor public du tiers des obligations dont nous étions cessionnaires, espérant toujours que le Gouvernement prendrait quelques mesures pour rendre la vie aux transactions.

» Malheureusement la situation a toujours été en s'aggravant, au point de faire redouter *l'interruption prochaine du service des intérêts, des tirages et de l'amortissement des obligations.*

» En présence d'une telle éventualité, *la plus simple probité ne nous permettait pas de continuer à offrir au public des titres qui ne présentaient par eux-mêmes aucune sécurité*, et nous nous trouvons ainsi aujourd'hui porteurs de 60,000 obligations en face d'un marché mort et d'une valeur dépréciée. Et nous ne pouvons nous dissimuler que cette dépréciation des cours, déjà très-forte, le serait beaucoup plus encore, *si les porteurs, confiants dans la loyauté du Gouvernement, n'avaient la conviction que la dette mexicaine, placée sous la protection immédiate de la France, sera prochainement de sa part l'objet d'un règlement qui sauvegardera tous les droits.*

» Dans cette situation, les banquiers et capitalistes que je représente n'hésitent pas à DÉCLARER QUE LES CIRCONSTANCES SURVENUES DEPUIS LE TRAITÉ, ET QUE JE VIENS D'AVOIR L'HONNEUR DE VOUS RAPPELER, CONSTITUENT UN CAS DE FORCE MAJEURE QUI LES EXONÈRE DE LA PARTIE NON ENCORE EXÉCUTÉE DE LEURS ENGAGEMENTS, etc. »

Cette lettre fut suivie presque aussitôt, le **13** août, d'une lettre semblable adressée par l'exposant à M. de Germiny, relativement au traité passé avec ce dernier pour le placement des obligations appartenant au Gouvernement mexicain.

A partir de cette époque, il ne fut plus donné aucune suite au traité du 28 septembre 1865 ; M. Pinard ne reçut plus de M. le ministre des finances, ni de M. de Germiny, aucune réclamation ni avis relativement audit traité, qui fut tenu par toutes les parties pour RÉSILIÉ DE PLEIN DROIT, suivant les termes de la stipulation.

Nous développerons ultérieurement les raisons diverses par lesquelles la résiliation dut être acceptée, et qui ne permirent pas même au Gouvernement d'élever à cet égard la moindre contestation.

Non-seulement le ministre admit la résiliation, mais il l'exécuta de plusieurs façons, notamment en excluant de l'actif du budget de 1868 (présenté au Corps législatif et discuté en 1867) la somme dont le syndicat serait resté débiteur envers le Trésor si le traité passé avec le Gouvernement eût dû recevoir un complément d'exécution.

Ce fut à l'occasion de cette exclusion que, lors de la discussion du budget au Corps législatif, et dans la séance du 20 juin 1867, M. Berryer souleva, par voie d'amendement, l'incident qui a amené le procès actuel.

Dans la discussion qui eut lieu sur cet incident, les ministres qui prirent la parole au nom du Gouvernement reconnurent et justifièrent pleinement, comme nous le verrons, le fait accompli de la résiliation.

Cependant, à la date du **17** janvier 1868, M. le ministre actuel des finances, dans le but apparemment de sauvegarder sa propre responsabilité, et de prévenir le renouvellement des attaques en faisant porter la question devant la juridiction supérieure du conseil d'Etat, a rendu une décision qui semble supposer que le traité du 28 septembre 1865 n'aurait pas été résilié, et qui, comme si ce traité subsistait encore aujourd'hui, somme le syndicat d'en parfaire l'exécution par le versement de tous les termes échus.

Cette décision, en forme de lettre adressée à M Pinard, est ainsi conçue :

« Je viens de DÉCIDER que l'exécution du traité passé le 28 septembre 1865 entre un de mes prédécesseurs et vous ne devait pas rester plus longtemps suspendue.

» J'ai l'honneur de vous en informer, et je vous invite, en conséquence, à vouloir bien acquitter les termes restant dus d'après le contrat précité, et à prendre en échange livraison des titres correspondants.

» Recevez, etc.

» Le Ministre des finances,

» *Signé :* P. MAGNE. »

Le syndicat des banquiers s'est pourvu contre cette décision, et il lui reproche d'avoir commis un excès de pouvoir en tenant pour non avenue une résiliation valablement accomplie, et d'ailleurs justifiée par les raisons les plus légitimes et les plus nécessaires.

Nous établirons en effet, d'abord, que le traité du 28 septembre 1865 avait été résilié par M. Fould, alors ministre des finances, lorsqu'est intervenue la décision du 17 janvier 1868, rendue par son successeur médiat M. Magne.

Nous établirons, en second lieu, que cette résiliation avait été commandée par des raisons irrésistibles, tirées des conditions essentielles et intrinsèques du contrat ainsi que de ses stipulations formelles, comme aussi des nécessités politiques ou de justice auxquelles le Gouvernement n'avait pu se dispenser d'obéir.

En troisième lieu, nous démontrerons qu'il ne suffisait pas, pour donner satisfaction au syndicat, que la résiliation fût admise à partir du jour où l'exécution du traité avait cessé, mais qu'elle aurait dû être prononcée à dater du moment où, dans les desseins du Gouvernement français, l'abandon de l'entreprise mexicaine avait été décidé, et, même, que le contrat aurait dû être anéanti complétement, à raison de l'erreur dans laquelle le syndicat avait éte entretenu relativement à l'état réel des choses au Mexique au moment où le traité était intervenu.

DISCUSSION.

CHAPITRE PREMIER.

FAIT ACCOMPLI DE LA RÉSILIATION.

Nous disons, en premier lieu, que la résiliation du traité du 28 septembre 1865 était accomplie depuis longtemps, et qu'elle avait été admise, RECONNUE PAR LE GOUVERNEMENT, lorsqu'est intervenue la décision du 17 janvier 1868, rendue par le successeur de M. Fould au ministère des finances.

Nous avons fait connaître la lettre qui fut adressée à M. Pinard, en réponse à celle du 9 mai 1866 par laquelle le syndicat réclamait un ajournement sous la réserve des droits respectifs des parties.

Après cette lettre, les explications verbales sur la situation que les résolutions du Gouvernement français vis-à-vis du Mexique faisaient au syndicat des banquiers et aux tiers, à qui des obligations avaient été offertes, furent continuelles entre M. Pinard et M. le ministre des finances. On reconnut de part et d'autre qu'il serait impossible de faire de nouvelles émissions pour les titres que le Gouvernement possédait encore, et ce fut ainsi que le ministre s'abstint de contredire la déclaration contenue dans la lettre du 4 août 1866, par laquelle le syndicat lui notifiait qu'il tenait le traité pour résilié par la force majeure, et qu'il se considérait lui-même comme exonéré de la partie non encore exécutée de ses engagements.

Non-seulement le ministre n'a pas contredit la lettre du 4 août 1866 dénonçant la résiliation du traité conformément à la réserve contenue dans la lettre du 9 mai précédent, mais, à partir du 4 août, il n'a jamais adressé au syndicat aucune réclamation tendant à obtenir l'exécution du contrat !

Ce n'est, du reste, pas le silence seul du ministre qui prouve la résiliation.

Ce sont les faits d'exécution émanés du ministre lui-même, alors notamment : 1° qu'au mois d'octobre 1866, les comptes du syndicat avec le Trésor furent balancés, et que, comme nous l'avons vu, loin d'exiger du syndicat l'exécution entière du contrat, on tint celui-ci pour résolu et l'on se borna à compléter la livraison des titres correspondant aux versements effectués ; 2° qu'en 1867, lors de la rédaction et de la présentation du budget de 1868, l'on exclut de ce budget la somme dont le syndicat serait resté débiteur envers le Trésor si le traité eût été maintenu comme efficace dans son intégralité.

Evidemment, cette exclusion du budget était une conséquence de la résolution, et elle impliquait de la part du ministre la reconnaissance que le traité du 28 septembre 1865 devait être résilié à partir du mois d'avril 1866, puisque, à dater de cette époque, le ministre tenait le syndicat pour libéré de ses engagements envers le Trésor.

La résiliation fut si bien acceptée, tout à la fois, par **M.** le ministre des finances et par M. de Germiny, pour leurs traités respectifs, que, à la suite de cette résiliation, dans le mois d'août 1866, M. le ministre se fit remettre, par la Commission des finances du Mexique, les *47,126 titres restant du contrat passé avec M. de Germiny,* pour en faire l'attribution aux indemnitaires, en faveur desquels M. Dano avait obtenu une seconde allocation payable en obligations mexicaines. (V. *infrà*, page 84.)

Le fait de la résiliation a été formellement admis et confirmé, au nom du Gouvernement lui-même, par M. le ministre d'État Rouher, alors aussi ministre des finances, lorsque, dans la séance du Corps législatif du 20 juin 1867, il répondit à l'interpellation de M. Berryer.

Citons dès à présent les paroles prononcées à cette occasion par M. le ministre d'Etat :

« La question de savoir s'il y avait réellement force majeure A ÉTÉ EXAMINÉE *avec le plus grand soin* PAR LE GOUVERNEMENT.

» Il ne s'est pas demandé si, dans d'autres opérations antérieures, dans lesquelles il n'était pas partie contractante, il avait été fait ou non des bénéfices considérables.

» Ce mode de compensation ne pouvait pas être invoqué par lui.

» Il a examiné la lettre du contrat; et les circonstances, les causes politiques qui l'avaient déterminé à retirer ses troupes et à fixer officiellement et solennellement l'époque de ce retrait, et d'autre part les événements qui s'accomplissaient au Mexique, L'ONT DÉTERMINÉ A PENSER qu'il n'était pas possible d'exiger des souscripteurs du contrat du 28 septembre 1865 l'exécution de leurs engagements, parce qu'ils étaient en face d'un fait qui avait les proportions d'une véritable force majeure, et qui se traduisait par le discrédit complet des valeurs aliénées en septembre 1865. »

Le même jour, répliquant à M. Berryer, qui avait reproché au Gouvernement « *d'avoir dispensé les banquiers de verser le prix* de toutes les obligations par des cas de force majeure qui pouvaient être l'objet d'une discussion, *d'avoir eu* pour eux *cette indulgence d'accepter ces cas de force majeure* et *de les relever des obligations* qu'ils avaient contractées, tout en constatant une perte de 28 millions » (voir le *Moniteur* du 21 juin), M. le ministre d'Etat et des finances disait encore :

« Maintenant, si l'on veut discuter les conditions dans lesquelles *le cas de force majeure* A ÉTÉ RECONNU *par le Gouvernement*, je suis prêt à aborder cette discussion.

» Je suis prêt à l'aborder sans me soucier de la question de savoir si tels ou tels ont fait des bénéfices dans une première opération étrangère à celle qui a été stipulée le 28 septembre 1865, ou si, au contraire, tels ou tels ont fait des pertes, mais en examinant seulement la question *de justice, d'interprétation des conditions*, de rigueur des textes et de *loyauté des stipulations.*

» Nous sommes prêts à faire cet examen, nous n'élevons aucune objection. »

Il est vrai que, dans une séance subséquente, le 23 juillet 1867, M. Baroche, ministre de la justice, et, peut-être aussi, M. Rouher lui-même, cherchèrent à établir que la question de la résiliation serait restée entière, en ce sens qu'elle aurait pu encore être soumise à la justice. D'après les discours prononcés par MM. les ministres dans la séance du 23 juillet, la question n'aurait pas été tranchée, à proprement parler, par l'ancien ministre des finances; elle aurait été seulement considérée par lui, et par le gouvernement tout entier, comme ne pouvant faire l'objet d'aucun doute et comme devant être résolue dans un sens favorable au syndicat.

Mais il suffit de se reporter au *Moniteur* du 24 juillet 1867 et d'y consulter le compte rendu de la séance du 23 pour reconnaître que cette attitude nouvelle de MM. les ministres fut déterminée par la conclusion du discours prononcé le 23 juillet par M. Berryer. Cette conclusion était la suivante :

« La créance de 28 millions doit entrer comme actif dans la dette flottante. Je déclare qu'il est impossible qu'il n'en soit pas ainsi. Comment sera-t-elle recouvrée? Elle est litigieuse: nous verrons quelle sera la conséquence du litige, mais elle sera déposée *sous la responsabilité de qui de droit*, et *je n'hésite pas à dire* SOUS LA RESPONSABILITÉ DU MINISTRE QUI A CONSENTI LA RÉSILIATION DU CONTRAT. »

MM. Baroche et Rouher crurent pouvoir concilier les intérêts du ministre personnellement attaqué avec ceux du syndicat; ils crurent pouvoir protéger chacun d'eux suffisamment en disant, pour le premier, que la résiliation n'aurait pas été effectuée, et, pour le second, qu'il était impossible de méconnaître la légitimité de cette résiliation.

Mais, il est inutile de le faire observer, ce nouveau langage ne saurait modifier la réalité des choses ni détruire un fait sur l'existence duquel il n'y avait de doute pour personne, et qui était reconnu et *proclamé par M. Berryer lui-même*.

C'est au surplus parce que la résiliation avait eu lieu, c'est parce que ce fait était constant et avéré, que l'amendement même avait été présenté et qu'il était soutenu avec tant d'énergie par son auteur.

Le Conseil voudra bien remarquer aussi que M. Berryer dirigeait ses critiques contre le ministre, à qui il reprochait les lettres du 28 septembre 1865 en les considérant comme des traités secrets, bien plutôt qu'il ne contestait l'existence réelle de la force majeure en prévision de laquelle ces lettres avaient été échangées.

Les développements du discours de M. Baroche montrent d'ailleurs qu'on ne saurait argumenter contre le syndicat du défaut de réponse écrite de la part de M. Fould à la lettre du 4 août 1866.

On ne saurait d'abord contester que le ministre qui avait pu faire le traité du 28 septembre 1865 n'eût également qualité pour le résilier. et, quant à la manière dont on pouvait procéder, il suffit de lire le passage suivant du discours du garde des sceaux :

« Le ministre des finances peut traiter avec une Compagnie de banquiers, par correspondance, par acte sous seing privé ; à la rigueur, il pourrait traiter *verbalement ;* à côté de l'acte sous seing privé, il peut placer une correspondance qui l'explique ou le modifie. »

Il ne saurait du reste être question de *formes* à observer lorsqu'il s'agit d'*actes constants, reconnus* et *avoués* par toutes les parties, *établis même par l'exécution qu'ils ont reçue.*

Ajoutons qu'il est trop facile, dans l'espèce, d'apercevoir la raison qui a empêché M. le ministre Fould de répondre par écrit à la lettre du 4 août 1866, comme il l'avait fait à toutes les précédentes lettres de M. Pinard.

C'est évidemment que, à la date du 4 août 1866, quand, comme on le verra, par des raisons de politique intérieure et extérieure, le Gouvernement n'avouait pas encore toute la gravité de notre situation au Mexique, un ministre de l'Empereur n'aurait pas pu reconnaître et consigner dans une lettre un état de choses qui était de nature à justifier les critiques ardentes dont notre expédition devenait de plus en plus l'objet.

Le fait de la résiliation étant ainsi démontré, nous n'hésitons pas à en placer ici la confirmation éclatante que nous trouvons dans une lettre du 11 décembre 1867, adressée à M. Pinard par M. de Germiny, avec lequel, comme on le sait, l'exposant avait conclu le 28 septembre 1865, pour les obligations appartenant au Trésor mexicain, un traité identique à celui qu'il avait passé avec M. le ministre des finances pour les obligations du Trésor français, et qui avait suivi le sort et la condition de ce dernier traité.

Par une lettre du 9 decembre 1867, M. Pinard avait invoqué le témoignage du président de la commission des finances du Mexique sur des faits accomplis à sa connaissance et avec sa participation. M. de Germiny lui adressa le 11 décembre la réponse suivante :

« Monsieur le Directeur,

» J'ai l'honneur de vous accuser réception de votre lettre du 9 décembre courant, et je m'empresse d'y répondre.

» Lorsque, le 28 septembre 1865, j'ai traité avec vous des 56,540 2/3 obligations, deuxième série, provenant de la conversion des rentes mexicaines 6 0/0 qui n'avaient pas été souscrites lors du premier emprunt, contracté à Miramar en 1864, à l'époque où je n'étais pas encore président de la commission des finances du Mexique, *les conditions que je vous ai proposées et que vous avez acceptées n'étaient autres que celles consenties par le ministre des finances lui-même pour les 174,603 obligations qu'il vous avait vendues pour le compte du Trésor.*

» Vous me demandez de le reconnaître.

» Je souscris d'autant plus facilement à votre désir que j'ai, dans les archives de la commission, dans les textes de notre contrat et de notre correspondance, la preuve écrite que mes souvenirs à cet égard sont d'une parfaite exactitude.

» Oui, la commission des finances du Mexique et le syndicat des banquiers, en traitant des opérations relatives aux emprunts mexicains, avaient la conviction que le Gouvernement français, conformément aux engagements du traité de Miramar et aux déclarations officielles de M. le ministre d'État, maintiendrait à l'empire mexicain, jusqu'à son entier affermissement, l'appui militaire de la France ; et lorsque vous avez considéré le rappel des troupes françaises, dans les conditions où il a été effectué, comme mettant à néant la condition essentielle en vue de laquelle les parties avaient traité et comme détruisant par conséquent les bases mêmes du contrat, *je n'ai pu que* m'incliner devant cette équitable interprétation de nos conventions.

» Enfin vous m'avez écrit le 13 août 1866, en même temps que vous l'écriviez à M. le ministre des finances, que les circonstances survenues depuis le traité constituaient un cas de force majeure qui vous exonérait de la partie non encore exécutée de vos engagements. Sur ce point, je déclare que, *si je n'ai pas répondu à votre lettre précitée du 13 août 1866*, c'est parce que M. le ministre des finances était convenu avec moi que nous ne devions pas exiger de nouveaux versements et qu'il était au moins équitable de donner cette adhésion tacite a votre réclamation : d'autant plus qu'à cette époque l'espoir que j'avais exprimé, lors du tirage du 2 juillet 1866, au sujet du paiement du semestre du 1er octobre suivant, n'avait plus de chance d'être réalisé.

» Depuis, dans les séances du Corps législatif des 20 juin, 22 et 23 juillet 1867, alors que M. Fould n'était plus ministre des finances, est survenu l'incident soulevé par l'honorable M. Berryer, etc.

» Quant à moi, continue M. de Germiny, je ne fais que rendre hommage à la vérité en certifiant que M. Fould et moi, nous avons pensé que vous étiez dégagé : moi, comme Président de la commission des finances du Mexique, autorisé par l'empereur Maximilien à traiter, au mieux de ses intérêts et de la justice envers les contractants, toutes les questions relatives aux opérations de crédit qu'il avait ordonnées ; *M. Fould, au point de vue politique et gouvernemental, ainsi qu'il me l'a témoigné verbalement pendant son ministère, et* qu'il me l'a confirmé depuis de la manière la plus explicite et la plus formelle dans nos relations et correspondances privées. »

Suit, dans la lettre de M. de Germiny, l'indication des conséquences de la résiliation accomplie pour le traité conclu avec le président de la commission des finances du Mexique comme elle l'avait été pour le contrat passé avec M. le ministre des finances.

M. de Germiny détermine les bases du compte à établir par suite entre lui et M. Pinard. Il serait sans intérêt de transcrire ici cette seconde partie de la lettre dont il s'agit.

Les citations que nous avons dû faire ont indiqué par anticipation, et d'une manière sommaire, les raisons par lesquelles le Gouvernement français avait dû admettre la résiliation du traité passé le 28 septembre 1865 entre le syndicat des banquiers et M. le ministre des finances. Nous ne ferons effectivement, en grande partie, que reprendre et développer ces raisons pour démontrer, comme nous l'avons annoncé, que le traité avait dû être résilié. C'est avec l'autorité du gouvernement lui-même, et spécialement avec les arguments de LL. Exc. MM. Rouher et Baroche, que nous nous proposons d'établir que M. Fould n'avait fait que se conformer aux exigences du droit, de la justice et de la loyauté, en acceptant, comme il l'avait fait, la résiliation.

CHAPITRE II.

LÉGITIMITÉ DE LA RÉSILIATION.

Nous avons dit que le traité du **28** septembre **1865** avait dû être résilié, comme il l'avait été, par M. le ministre des finances.

De nombreuses causes effectivement commandaient cette résiliation.

La saine interprétation du contrat, sa nature même et son objet, les stipulations expresses qu'il contenait, l'équité la plus impérieuse et les principes généraux du droit, enfin des nécessités politiques irrésistibles, tout s'accordait pour rendre cette résiliation indispensable.

Nous rappellerons dans une première section le contrat lui-même, la pensée essentielle des parties en contractant, l'objet du traité et son but, les réserves formelles qui l'accompagnaient.

Dans une seconde section, nous relaterons et nous préciserons les faits qui se sont accomplis depuis sa formation.

Dans une troisième, nous examinerons les causes diverses qui devaient entraîner la résiliation.

SECTION Iʳᵉ.

TRAITÉ DU **28** SEPTEMBRE **1865** : CONDITION ESSENTIELLE DU CONTRAT, SON BUT ET SON OBJET, CLAUSE EXPRESSE DE RÉSILIATION.

§ 1ᵉʳ.

Nous devons en premier lieu relever dans le contrat du **28** septembre **1865**, passé entre le syndicat des banquiers et le Gouvernement français, la véritable raison d'être de ce contrat, la condition essentielle de son existence, la pensée dominante des parties : ce contrat n'avait eu lieu qu'en vue et à raison de la **consolidation du nouvel empire établi au Mexique**.

Rappelons d'abord que, d'après les stipulations du traité de Miramar conclu entre le Gouvernement français et l'empereur Maximilien, l'armée française ne devait quitter le territoire mexicain que lorsque Maximilien serait en état de pourvoir lui-même à sa propre défense.

L'article 2 de ce traité était ainsi conçu : « Les troupes françaises évacueront le Mexique au fur et à mesure que S. M. l'empereur du Mexique pourra organiser les troupes nécessaires pour les remplacer. »

L'article 3 ajoutait : « La légion étrangère au service de la France, composée de 8,000 hommes, demeurera néanmoins encore pendant six années au Mexique, après que toutes les autres forces françaises auront été rappelées conformément à l'article 2. A partir de ce moment, ladite légion passera au service et à la solde du Gouvernement mexicain. Le Gouvernement mexicain se réserve la faculté d'abréger la durée de l'emploi au Mexique de la légion étrangère. »

En contractant comme ils l'avaient fait le 28 septembre 1865, le syndicat des banquiers et l'Etat avaient d'ailleurs évidemment entendu traiter de titres sérieux, et qui devaient conserver une valeur propre, non-seulement pendant les douze ou les dix-huit mois qu'en devait durer l'écoulement, mais encore postérieurement à l'expiration du délai de placement : or, il n'en pouvait être ainsi qu'à la condition que le Gouvernement français continuerait son œuvre et achèverait de consolider le trône de Maximilien.

Le Gouvernement de Maximilien, on peut le dire, ne jouissait par lui-même d'aucun crédit. La preuve en avait éclaté dans l'échec de l'emprunt tenté en son nom dans le courant de l'année 1864, après la conclusion du traité de Miramar. Malgré les avantages que paraissait offrir cet emprunt, fait en rentes 6 0/0 et émis au prix de 63 francs seulement, il n'en avait été souscrit qu'une faible partie, et ce résultat avait tenu à ce que le Gouvernement français n'avait pas assez manifesté son intention de continuer l'entreprise par lui commencée, à ce que ses résolutions à cet égard n'avaient pas été suffisamment indiquées.

Aussi lorsque, au mois d'avril 1865, on réclama le concours d'une compagnie de banquiers pour réaliser un nouvel emprunt, ceux-ci mirent-ils tout d'abord pour condition au contrat à former que la politique du Gouvernement serait hautement proclamée et affirmée.

Ce fut à cette occasion que furent prononcés au Corps législatif, les 10 et 11 avril 1865, deux discours dont tout le monde a gardé le souvenir, et qui étaient de nature à frapper vivement l'opinion.

« Honoré d'une mission du Gouvernement au Mexique, disait M. Corta, je » viens rendre témoignage de *ce que j'ai vu*, TEL QUE JE L'AI VU. »

Suivait, dans un discours fort étendu et qui remplit presque deux séances de la Chambre, le tableau des ressources merveilleuses que présentait le nouvel empire, sous le triple rapport du commerce, de l'agriculture et de l'industrie.

S'expliquant sur l'avenir de l'entreprise commencée par la France, M. Corta concluait en disant : « Quant à moi, ma conviction bien » réfléchie, que j'apporte du Mexique, c'est qu'il ne faut au Mexique, » pour se relever, que deux choses : *Un gouvernement régulier et* **du** » **temps.** »

Abordant enfin la question essentielle pour les banquiers, celle du maintien ou du retrait des troupes françaises, il s'exprimait ainsi :« Re- » tirer notre armée,... ce serait commettre un acte indigne de la » France. A la place de notre drapeau trop hâtivement replié, la

» France laisserait son honneur abandonné. On peut demander à la
» France un sacrifice d'argent, mais le sacrifice de son honneur
» jamais!... (Très-bien! très-bien !) Messieurs, *notre drapeau ne peut*
» *pas et ne doit pas se replier tant que les intérêts que la France soutient*
» *au Mexique ne seront pas garantis et sauvegardés.* »

Cette déclaration fut confirmée en ces termes par le ministre
d'Etat parlant au nom du Gouvernement lui-même :

« J'ai dit, et je le répète, que l'expédition française au Mexique a été une
grande chose, que par cette expédition la France *a conquis* à la civilisation un
grand pays. Que son drapeau y flotte quelques mois encore, *qu'il achève d'é-*
craser les dernières résistances, qu'il détruise les bandits, dernier débris de
tant de révolutions, ces passions mauvaises surexcitées, etc. LE BUT DOIT ÊTRE
ATTEINT, LA PACIFICATION DOIT ÊTRE COMPLÈTE; L'ARMÉE FRANÇAISE NE DOIT REVENIR
SUR NOS RIVAGES QUE SON ŒUVRE ACCOMPLIE ET TRIOMPHANTE DES OBSTACLES
QU'ELLE AURA RENCONTRÉS. » *(Vive approbation, bravos et applaudissements sur*
un grand nombre de bancs.)

Ces paroles devaient être déterminantes pour les banquiers, et le
traité fut conclu le 20 avril 1865.

A partir de ce moment, rien n'était venu infirmer les déclarations
du Gouvernement, qu'il avait au contraire confirmées en toutes circonstances.

Le *Moniteur* n'avait cessé de présenter la situation au Mexique
sous le jour le plus favorable, et personne ne pouvait douter que le
Gouvernement ne persistât dans sa résolution de poursuivre jusqu'au
bout l'œuvre commencée.

On verra du reste plus loin, par l'analyse de la correspondance
diplomatique de la France avec les Etats-Unis, que la pensée de retirer les troupes françaises du Mexique ne paraissait pas exister à la
date du 28 septembre 1865, et qu'elle n'a commencé à se produire que
dans les premiers mois qui ont suivi la signature du traité conclu à
cette date.

Le Gouvernement français, qui émettait les obligations mexicaines de la deuxième série, créées par suite de la conversion de son titre de rente, ne pouvait d'ailleurs, comme nous l'avons déjà dit, pas plus que le syndicat des banquiers, avoir la pensée de traiter de valeurs non sérieuses, et le contrat du 28 septembre n'aurait pas eu lieu s'il n'avait pas entendu achever l'entreprise commencée ; car si les banquiers avaient fourni leurs clientèles, notamment celle du Comptoir d'escompte, par l'entremise duquel les obligations devaient être placées, et s'il ne pouvait leur convenir d'écouler entre les mains de leurs clients des titres purement fictifs, l'Etat lui-même avait, comme on va le voir et comme nous l'avons déjà dit précédemment, fourni le concours de tous ses agents financiers, et il n'eût pu assurément employer ces derniers à émettre des valeurs trompeuses.

On doit donc tenir pour constant ce premier point que, dans le traité du 28 septembre 1865, la pensée essentielle des parties avait été que l'œuvre commencée au Mexique serait continuée et accomplie.

§ II.

Le second point qui doit être relevé dans cet acte est relatif à son OBJET MÊME et à son BUT.

Le syndicat des banquiers, il faut bien le remarquer, n'avait pas acquis d'une manière absolue, sans conditions ni réserves, les obligations objet du traité du 28 septembre.

Deux circonstances spéciales ont été signalées tout d'abord par MM. les ministres d'État et de la justice, appelés à répondre à l'interpellation de M. Berryer : ces circonstances se réfèrent au mode d'exécution que le traité devait recevoir.

La *première de ces circonstances* est que, comme on le sait déjà, l'exécution ne devait pas avoir lieu immédiatement pour le tout, qu'elle devait se faire d'une manière successive et par fractions égales, distribuées entre un certain nombre de mois.

Douze termes avaient été stipulés dès le principe, et ils avaient été bientôt portés à dix-huit, en vertu d'une réserve expresse de l'acte.

Le syndicat devait, à chaque terme, payer une portion du prix total, et ce n'était qu'à ce moment qu'il recevait livraison des titres : on ne lui en remettait qu'une fraction correspondante à chaque versement.

Sans doute le syndicat eût pu par anticipation effectuer plusieurs versements ou même les faire tous, et, dans cette hypothèse, il eût obtenu la livraison de tous les titres. Mais tel n'était pas le système du contrat, telle n'était pas du moins sa prévision, et ce n'aurait été que par une dérogation à son économie réelle que l'exécution eût pu en être faite immédiatement en entier.

La *seconde circonstance* concerne le mode d'émission ou de placement des obligations nouvelles, créées pour la conversion du titre appartenant primitivem nt au Gouvernement français.

L'émission devait se faire, comme nous l'avons dit, par l'entremise d'un établissement public, le Comptoir d'escompte, muni à cet effet d'une autorisation spéciale du Gouvernement. Le Comptoir était d'ailleurs autorisé à employer le concours de tous les agents financiers de l'État. Une circulaire émanée du comité des receveurs généraux, en date du 15 octobre 1865, atteste la part que, en fait, les receveurs généraux ont prise au placement.

« Monsieur et cher collègue, porte cette circulaire, vous savez que les porteurs des rentes de l'emprunt mexicain 6 0/0 sont autorisés à les échanger à votre caisse contre des obligations de 500 francs, semblables à celles qui ont été émises cette année, etc..... Cette opération de conversion a pour conséquence de laisser entre les mains du Comptoir d'escompte un certain nombre d'obligations qu'il a prises à sa charge, dont il compte effectuer le placement *avec le conccours des comptables du Trésor*. Nous avons été, par suite, autorisés à nous adresser à vous, pour arriver à la prompte réalisation de ces valeurs, et nous vous demandons de *prendre immédiatement toutes les mesures nécessaires pour le placement de ces obligations dans votre clientèle...*

» Il vous sera alloué une commission d'un demi pour cent sur le placement intégral de chaque obligation placée. Vous remarquerez à ce sujet que, comparée aux droits ordinaires de courtage prélevés par les agents de change, la commission allouée ne laisse pas que d'être assez élevée. Il est bien entendu que vous partagerez cette commission avec les *receveurs particuliers*, toutes les fois que l'intermédiaire de ces comptables aura été employé. Il sera, en outre, attribué plus tard une indemnité représentant encore un demi pour cent au moins sur le montant des obligations placées...

» *Vous êtes autorisé à employer l'intermédiaire des percepteurs, partout où vous le jugerez utile.* Le Comptoir d'escompte leur accordera, d'accord avec nous, une rémunération sur la production d'une liste nominative, indiquant le nombre des titres placés par leurs soins...

» Nous vous prions de *correspondre*, comme d'usage, *sous le couvert du mouvement des fonds*, pour tout ce qui a trait à la conversion du 6 0/0 et au placement des obligations dont nous vous entretenons...

» *Vous connaissez parfaitement*, Monsieur et cher collègue, *le mobile qui nous fait agir auprès de vous, et l'intérêt qui s'attache au succès de cette opération...* »

Quel était, d'après cela, le rôle du syndicat des banquiers dans l'opération? Quelle devait être pour lui la conséquence du traité intervenu ?

Le ministre avait traité avec les banquiers pour assurer au Trésor le payement régulier, suivant un *prix uniforme*, de valeurs qui, pendant la durée de leur placement dans le public, étaient susceptibles de subir les plus grandes variations. Il fallait au Trésor des ressources fixes, certaines, exemptes des chances de hausse ou de baisse que pourraient présenter ces valeurs. Le syndicat, acheteur ou intermédiaire, avait assuré ces ressources, en se chargeant du placement successif des titres dans un délai qui pouvait varier de douze à dix-huit mois. Le contrat passé avec lui n'avait pas d'autre raison d'être.

Mais le syndicat n'avait pas garanti l'exécution du contrat dans toutes les hypothèses.

Il est clair, par exemple, que si, pendant la durée de ce contrat et par un fait propre au Gouvernement francais, le traité cessait de pouvoir être exécuté, si, par suite, aucun placement ne devait plus avoir lieu, le Gouvernement ne pourrait plus exiger des banquiers aucun versement, et ceux-ci se trouveraient déliés envers lui de tous leurs engagements. Ce résultat même devait se produire de plein droit, et il n'était nullement nécessaire d'en faire dans le contrat l'objet d'une stipulation expresse.

Mais passons aux cas de résiliation *formellement prévus* dans le contrat.

§ III.

Le syndicat avait, comme on l'a vu, STIPULÉ EXPRESSÉMENT LA RÉSILIATION, non-seulement pour le cas où ce serait librement, et par un fait volontaire, que le Gouvernement aurait rendu l'exécution du traité impossible, mais encore pour celui où ce serait contre son gré, et malgré tous ses efforts, que cette exécution ne pourrait plus être continuée.

Il avait été stipulé entre les parties que le contrat serait résilié de plein droit *en cas de force majeure*, c'est-à-dire, portait la clause, *si le Gouvernement mexicain était renversé par une guerre ou par une révolution.*

Cette stipulation a été l'objet des plus vives critiques de la part de M. Berryer dans le sein du Corps législatif. L'honorable député s'est, du moins, vigoureusement élevé contre la forme dans laquelle elle avait été jointe au contrat du 28 septembre 1865. M. Berryer a donné le nom de *contre-lettre* à la correspondance échangée entre les parties avant la signature de ce contrat, et il a soutenu que cette prétendue contre-lettre aurait été de nature à induire les tiers en erreur, que le traité lui-même n'aurait pu être valablement soumis à une condition insérée dans un acte séparé.

Pour faire justice de tous les griefs accumulés à ce sujet, nous ne pouvons mieux faire que de reproduire la réponse, si complète et si péremptoire, qu'y a faite M. le garde des sceaux dans le discours qu'il a prononcé le 23 juillet 1867. M. le ministre a envisagé la question sous toutes ses faces, et, comme on va le voir, il a réfuté toutes les objections avec autant de raison que d'autorité.

« Au moment, a dit M. le garde des sceaux, où la convention allait être signée, deux lettres sont échangées entre les parties contractantes.

» C'est ici que l'honorable M. Berryer s'élève avec force contre une dépêche de M. Pinard qu'il appelle une contre-lettre, une contre-lettre qui avait pour effet de détruire la stipulation principale de la convention, contre-lettre qui, par sa nature, devait rester secrète à côté du traité public, et pouvait ainsi avoir pour conséquence de tromper les souscripteurs qui ignoraient les nouvelles dispositions intervenues entre M. le ministre et M. Pinard.

» Ici je demande la permission d'insister, et d'insister énergiquement.

» Une contre-lettre, dites-vous? Mais ne voyez-vous pas au contraire que c'est une convention passée entre les parties au moment même où le traité va être signé, annexe du traité, et qui, comme le traité lui-même, j'ai hâte de vous le faire remarquer, n'était pas destinée à être rendue publique ?

» En effet, que l'honorable M. Berryer se mette d'accord avec lui-même ; il nous a reproché à plusieurs reprises, avec une grande vivacité, d'avoir toujours tenu secrète la convention passée avec M. Pinard ; il nous a fait remarquer qu'elle avait été refusée à la commission des finances, qu'elle n'avait été révélée que dans ces derniers temps et que peut-être même elle ne l'avait pas été complétement. Ce n'était donc pas un traité public.

» Ah ! s'il s'était agi d'une convention destinée à être insérée au *Moniteur*, portée à la connaissance de tous ; si dans cette convention, connue de tous, il eût été dit que M. Pinard achète ferme et moyennant 300 francs l'une les 174,000 obligations ; et puis qu'à côté de cette publicité, une convention, tenue secrète intentionnellement, eût déchargé M. Pinard des obligations prises par lui vis-à-vis des tiers, je comprendrais le reproche qu'on adresse à M. le ministre des finances. En est-il ainsi? Non, Messieurs : le ministre des finances peut traiter avec une compagnie de banquiers, par correspondance, par acte sous seing privé ; à la rigueur, il pourrait traiter verbalement ; à côté de l'acte sous seing privé, il peut placer une correspondance qui l'explique ou le modifie. Mais il est évident que, si pas plus la convention principale que les annexes faites par la voie épistolaire ne sont rendues publiques, il ne peut se faire qu'on applique le principe de la contre-lettre pour en prononcer la nullité.

» Où sont donc les tiers, je vous prie, dans la circonstance? Que les deux parties qui contractent, c'est-à-dire le ministre d'une part, M. Pinard et ses coassociés de l'autre, que les deux parties contractantes mettent leur convention dans un même acte qui doit rester secret, ou qu'elles l'insèrent dans un acte et dans deux annexes qui également restent secrets ; comment peut-il y avoir lieu d'appliquer le principe de la contre-lettre ? Je le dis avec la plus ferme conviction, aucun reproche à cet égard ne peut être adressé au ministre des finances. M. Berryer a plusieurs fois voulu mettre en opposition avec la convention l'intérêt des tiers dans les mains desquels on cherchait à placer les obligations. Les tiers n'ont rien à faire dans la convention principale ni dans ce qu'on a appelé la contre-lettre. »

Ces observations détruisent, suivant nous, tout ce qui a été dit contre la clause qui nous occupe, et nous pouvons maintenant aborder les faits survenus depuis le traité, afin de rechercher ensuite si, comme nous l'avons dit, ces faits ne constituaient pas de nombreuses causes de résiliation.

SECTION II.

FAITS SURVENUS DEPUIS LE TRAITÉ.

Tout le monde connaît aujourd'hui les faits qui se rapportent à la chute de l’empire mexicain et à ses causes. Nous ne rappellerons ici que ceux qui ont un trait direct à notre question, et qui établissent que le traité du 28 septembre 1865 ne pouvait être maintenu entre le Gouvernement français et le syndicat des banquiers.

La vérité, longtemps demeurée secrète par des raisons politiques, a été enfin révélée entièrement par la publication de certains documents diplomatiques, tels que les dépêches des 14 et 15 janvier 1866, adressées par M. Drouyn de Lhuys, alors ministre des affaires étrangères, à M. Dano, ministre de France au Mexique. Ces dépêches, que nous devrons rapporter (V. p. 45 et 47), n’ont été publiées, par leur insertion dans le Livre jaune, qu’au mois d’avril 1866, lors de la discussion du budget.

Nous relaterons :

1° L’état successif des relations diplomatiques de la France avec les États-Unis à partir du 28 septembre 1867,

2° Les correspondances échangées par suite entre le Gouvernement français et ses représentants au Mexique,

3° Les effets du changement de la politique française à l’égard du nouvel empire.

§ Ier.

Etat successif des relations diplomatiques de la France avec les États-Unis.

A la date du traité passé avec le syndicat (28 septembre 1865), le Gouvernement français ne paraissait pas songer, comme nous l’avons dit, à abandonner l’entreprise commencée au Mexique. Autrement, l’émission des obligations qu’il avait dans son portefeuille et qui provenaient de ses rentes mexicaines n’aurait été loyale et légitime, ni vis-à-vis des banquiers, ni vis-à-vis du public à qui ces obligations seraient offertes et remises comme des valeurs réelles, sérieuses.

Les inquiétudes, les déceptions n'avaient d'ailleurs pas encore remplacé les espérances, énervé les résolutions primitives, et l'attitude des États-Unis, en proie à la guerre civile, n'apparaissait pas encore comme un danger capable d'encourager au Mexique la révolte contre la France et de déterminer notre Gouvernemont même à retirer son drapeau sans courir les chances de la lutte et sans combattr?.

Lorsqu'au mois d'avril 1864, au moment où Maximilien quittait Miramar, la Chambre des représentants des États-Unis avait cru devoir, par un vote unanime, reconnaître Juarez comme président de la république mexicaine, et que M. Dayton avait transmis ce vote au Gouvernement français, le ministre des affaires étrangères lui avait répondu fièrement : « Est-ce la paix ou la guerre que vous nous apportez? »

Le 11 avril 1865, dans le discours qu'il prononça à la suite de M. Corta, M. le ministre d'État, répondant à l'opposition qui signalait les résistances de l'Amérique comme redoutables, affirmait encore que ce danger n'était pas à craindre, « que les deux puissances resteraient alliées. »

Le 1ᵉʳ août 1865, à propos d'un projet de colonisation de la Sonora par les sudistes, M. Bigelow communique au Gouvernement français une note portant « que les sympathies du peuple américain pour les républicains du Mexique sont très-vives, et qu'il verrait avec impatience la continuation de l'intervention française dans ce pays. » Le langage de M. Drouyn de Lhuys est toujours ferme : « L'Empereur, répond-il le 7 août, est résolu à repousser toute interpellation qui nous serait faite d'un ton comminatoire. »

Mais, peu de temps après, la situation intérieure du Mexique s'aggrave, et les États-Unis n'hésitent plus à menacer, tout à la fois, la France et le Gouvernement fondé par elle, de la guerre et de la révolution.

Le 3 octobre 1865, l'Empereur Maximilien cède à de funestes conseils, et, dans l'espoir de conjurer le péril par un terrible exemple, il signe un décret qui devait hâter sa ruine.

L'exécution, ordonnée par ce décret, d'un grand nombre de prisonniers, notamment des généraux Ortega et Salazar, ainsi que de dix-sept autres officiers, devait soulever aux États-Unis un mouvement considérable d'opinion contre Maximilien, et le Président Johnson se prévalut du sentiment public surexcité pour justifier sa politique.

En France aussi, les critiques et les appréhensions de l'opposition se répandaient et prenaient des proportions sur lesquelles il devenait difficile de fermer les yeux. Des difficultés que l'on n'avait pas prévues tout d'abord apparaissaient de toutes parts ; les dépenses, les sacrifices qu'il faudrait ajouter à ceux que l'expédition avait déjà entraînés, échappaient à tous les calculs et devenaient un péril même pour nos intérêts et notre situation en Europe.

Par une dépêche du 18 octobre, c'est-à-dire vingt-trois jours après la signature du traité, M. Drouyn de Lhuys commença à insinuer que la France consentirait à retirer ses troupes, *si le Gouvernement de Washington voulait bien reconnaître Maximilien et l'Empire.*

Le 6 novembre, M. Seward répondit :

« La présence et les opérations d'une armée française au Mexique, l'appui qu'elle donne à une autorité soutenue par la force et non par le libre vœu des Mexicains, sont un sujet de sérieuse anxiété pour les États-Unis...... Ceux-ci ne sont pas disposés à reconnaître, et ne peuvent s'engager à reconnaître ultérieurement aucune institution politique qui soit en opposition avec le Gouvernement républicain. »

M. de Montholon, ministre de France à Washington, ayant insisté sur la condition proposée, M. Seward la repoussa péremptoirement par une dépêche du 6 décembre 1865, dans laquelle on lisait :

« Je regrette d'être obligé de vous dire que la condition mise en avant est *une de celles qui nous semblent complétement impraticables*... La cause réelle de notre mécontentement national est que la présence actuelle d'une armée française au Mexique est une *atteinte à l'existence d'un Gouvernement indigène républicain*, qui y a été fondé par le peuple, et pour lequel les États-Unis n'ont cessé d'avoir les sympathies les plus vives. »

Le 16 décembre, une nouvelle dépêche du Gouvernement des Etats-unis (non publiée en France) contenait un véritable ultimatum :

« Les relations *de paix* et d'amitié, disait M. Seward, seraient entraînées dans un PÉRIL IMMINENT si la France jugeait incompatible avec ses intérêts et son honneur de renoncer à son intervention armée dans les affaires mexicaines. »

D'autres dépêches étaient sur ce ton.

Aucune illusion n'était plus possible : la guerre était imminente. Le Gouvernement français se résigna à un douloureux abandon.

Le 9 janvier 1866, il mandait à Washington « qu'il était disposé à hâter autant que possible le rappel de ses troupes du Mexique », et, en même temps, comme nous allons le voir, des instructions formelles furent données au maréchal Bazaine et à M. Dano, ministre de France au Mexique, pour préparer l'évacuation.

Bien que les correspondances qui précèdent soient suffisantes pour caractériser l'action des États-Unis, montrons, en complétant le récit de nos relations avec cette puissance, combien son intervention a été jusqu'au bout incessante et décisive.

Le 12 février 1866, dans un mémoire d'une dimension inaccoutumée, véritable réquisitoire contre Maximilien et contre l'entreprise française, M. Seward prenait acte en ces termes des engagements de la France envers le Gouvernement américain :

« Nous regardons, disait-il, l'Empereur *comme nous ayant annoncé son* INTENTION IMMÉDIATE de faire cesser le service de ses armées au Mexique, de les rappeler en France, et de s'en tenir fidèlement, SANS aucune stipulation ni CONDITION de notre part, au principe de non-intervention, sur lequel il est désormais d'accord avec les États-Unis. »

Au mois de mars 1866, le bruit se répandit qu'un certain Barandiran était à Paris, cherchant de l'argent pour enrôler en Autriche 10,000 volontaires. Des dépêches sont envoyées par M. Seward à M. Motley, ministre américain à Vienne, et à M. Bigelow, ambassadeur à Paris, pour empêcher le recrutement.

« Faites savoir au Gouvernement autrichien, écrivait-il le 19 mars à M. Motley, que les États-Unis ne peuvent regarder avec indifférence un procédé qui implique une alliance de l'Autriche avec les envahisseurs du Mexique pour renverser les institutions républicaines et élever sur leurs ruines un empire d'origine étrangère... »

Le 6 avril, nouvelle dépêche à M. Motley où il était dit que « des levées de troupes en Autriche constitueraient un état de guerre contre *la république de Mexico,* et qu'en présence d'une telle guerre les États-Unis ne s'engageraient pas à rester ses spectateurs passifs et silencieux. »

Le président du conseil des ministres à Vienne, M. de Mensdorf, dut écrire à M. Motley, le 20 mai 1866, « que les mesures nécessaires venaient d'être prises pour empêcher le départ des volontaires enrôlés pour le service mexicain. »

·Et peu de jours après, le 4 juin, M. Drouyn de Lhuys donnait aussi à M. Bigelow l'assurance « qu'aucun engagement n'avait été pris pour des transports de troupes autrichiennes au Mexique, qu'il n'était pas dans les intentions du Gouvernement français de remplacer son armée par d'autres troupes de n'importe quelle origine. »

Le 6 avril 1866, le Gouvernement français avait annoncé à M. Seward l'époque et le mode du retrait de l'armée française, qui devait avoir lieu en trois détachements. Quand plus tard le ministre américain apprit le voyage désespéré de l'impératrice Charlotte en France, il demanda « si cette démarche était de nature à modifier les résolutions de l'empereur des Français à l'égard de Maximilien.» — Notre ministre dut le rassurer.

Après le départ de l'impératrice, Maximilien avait appelé dans son ministère deux officiers français, le général Ormont et le baron Friant. M. Seward adressa une réclamation à Paris, et aussitôt une note insérée dans le *Moniteur* désapprouva l'emploi de deux officiers de notre armée (août 1866).

Les résolutions prises depuis le mois de janvier 1866 par le Gouvernement français à l'égard du Mexique étaient irrévocables.

§ II.

Correspondance du Gouvernement français avec ses représentants au Mexique
à partir du mois de janvier 1866.

Les correspondances du Gouvernement français avec ses représentants au Mexique subirent immédiatement le contre-coup de ses relations avec les États-Unis. A partir de l'ultimatum de cette dernière puissance, le Gouvernement ne s'occupa plus que de terminer son intervention et de préparer le retrait de nos troupes.

Dès le commencement de janvier 1866, il donna au maréchal Bazaine et à M. Dano des instructions formelles en ce sens, et il ne cessa d'en presser l'exécution.

« Les instructions du cabinet français en date du 6 janvier 1866, et **répétées sans cesse depuis lors,** — dit M. de Keratry, analysant des pièces qu'il a sous les yeux, — prescrivaient déjà au *quartier général* de n'exercer son influence qu'avec une grande réserve : *malgré les plaintes de Maximilien,* écrivait-on, **nous ne voulons plus donner un seul soldat.** »

Le 14 janvier, le ministre des affaires étrangères adressa à M. Dano une dépêche annonçant la résolution définitive du Gouvernement. Elle était ainsi conçue :

« *Le Ministre des affaires étrangères au Ministre de France au Mexique.*

» Paris, le 14 Janvier 1866.

» Monsieur, la situation dans laquelle nous nous trouvons au Mexique *ne saurait se prolonger,* et les circonstance nous obligent de prendre à cet égard une RÉSOLUTION DÉFINITIVE, que l'Empereur m'a ordonné de vous faire connaître.

» Notre expédition n'avait précédemment pour but que de poursuivre la revendication de nos créances et les réparations dues à nos nationaux. Si toutefois nous avons jugé utile d'accorder notre concours aux efforts d'une nation qui aspirait à retrouver sous un gouvernement régulier l'ordre et le bien-être, si notre intérêt légitime nous a conseillé de seconder le prince qui se consacrait à cette glorieuse tâche, notre coopération devait se renfermer dans des *limites précises que la convention de Miramar a eu pour objet de déterminer.*

» Les arrangements réciproques consignés dans cet acte ont fixé *la mesure et les conditions dans lesquelles il nous était permis de faire servir la force de la France à la consolidation d'un Gouvernement ami. Il serait superflu d'insister sur les motifs qui mettent la Cour de Mexico,* malgré la droiture de ses intentions, *dans l'impossibilité reconnue de remplir ces conditions désormais.* D'une part, *tout appel au Crédit demeurerait infructueux ;* de l'autre, nous ne pouvons pas, en dehors des stipulations convenues, prendre à notre compte exclusif les charges du Gouvernement mexicain, pourvoir par notre armée à sa défense, et par nos finances à ses services administratifs. Les avances que nous avons plusieurs fois consenties ne sauraient être renouvelées, et l'Empereur ne demandera pas à la France de nouveaux sacrifices.

» *Il faut donc* QUE NOTRE OCCUPATION AIT UN TERME, *et nous devons nous y préparer* SANS RETARD. L'Empereur vous charge, Monsieur, de le fixer de concert avec son auguste allié, après qu'une loyale discussion, à laquelle M. le maréchal Bazaine est appelé naturellement à prendre part, aura déterminé les moyens de garantir *autant que possible* les intérêts du Gouvernement mexicain, la sûreté de nos créances et les réclamations de nos nationaux. Le désir de sa Majesté est que l'évacuation puisse commencer vers l'automne prochain.

» Vous voudrez bien, Monsieur, donner lecture de cette dépêche à S. Exc. M le Ministre des affaires étrangères et lui en laisser copie. Je charge M. le baron Saillard d'y ajouter verbalement toutes les explications nécessaires, et de me rapporter dans un bref délai la réponse par laquelle vous me ferez connaître les arrangements définitifs qui auront été conclus.

» *Signé :* DROUIN DE LHUYS. »

Dès le lendemain, 15 janvier, cette dépêche fut suivie d'une autre dépêche, destinée à expliquer la première en la confirmant.

Comme on va le voir, le ministre des affaires étrangères constatait l'impossibilité où se trouvait le Gouvernement mexicain de remplir désormais les engagements qu'il avait contractés envers la France par le traité de Miramar, et, ce Gouvernement ne pouvant accomplir les obligations qui résultaient pour lui d'un contrat bilatéral, la dépêche en concluait que la France se trouvait par cela même déliée de ses engagements réciproques.

Il suffit de citer les passages suivants de la dépêche dont il s'agit :

« *Le Ministre des affaires étrangères au Ministre de France au Mexique.*

» Paris, le 15 janvier 1866.

» Monsieur, je crois devoir entrer ici dans quelques développements, pour votre complète information, sur le sujet auquel se rapporte ma dépêche en date d'hier.

» Le règlement de nos réclamations, tel qu'il résulte de la convention que vous avez signée à Mexico, le 27 septembre 1865, et qui a reçu, dans ses dispositions essentielles, l'approbation de Sa Majesté, assure à nos nationaux une réparation acceptable des dommages qu'ils ont subis. Cette convention sera, nous n'en doutons pas, loyalement exécutée ; ainsi sera atteint, en ce qui nous touche le plus directement, le but de notre expédition, et satisfaction sera donnée au grief qui nous avait contraint de prendre les armes.

» Je n'ai pas à rappeler les considérations qui nous avaient amenés, non pas à perdre de vue l'objet de notre expédition, mais à en profiter pour *offrir au Mexique les chances sérieuses d'une régénération nécessaire. Cette pensée, dont nous affirmons de nouveau la légitimité, le désintéressement et la haute portée politique, a déterminé l'appui que nous avons prêté à l'entreprise courageusement tentée par l'empereur Maximilien.*

» Décidés à seconder ses efforts, nous avons dû toutefois régler les conditions de notre coopération à la mesure des intérêts français, dont nous avions, avant tout, à nous préoccuper.

» L'Empereur, par une sage prévoyance, a voulu défendre son Gouvernement contre les entraînements d'une idée généreuse en définissant la nature et en limitant d'avance l'étendue du concours qu'il nous était permis d'accorder. Nous avons dû stipuler en même temps les ressources équivalentes qui devraient nous être attribuées, et fixer la quotité et l'échéance des sommes destinées à défrayer nos dépenses.

» Tel était l'objet de la convention de Miramar, qui devait rester la règle de nos droits et de nos devoirs réciproques. Il serait sans intérêt aujourd'hui de revenir sur les circonstances qui *empêchent le Gouvernement mexicain de remplir* DÉSORMAIS *les obligations que cet acte lui impose,* et qui menacent de faire peser sur nous, sans aucune des compensations promises, les charges du nouvel établissement.

» Je n'insisterai pas sur les observations qui abondent à cet égard dans ma correspondance avec la légation de l'Empereur, il me paraîtrait superflu de rechercher aujourd'hui, dans une discussion vaine, les causes d'une SITUATION QUE MON DEVOIR M'OBLIGE SEULEMENT A CONSTATER. *En droit, les clauses du contrat bilatéral qui nous liait au Gouvernement mexicain ne devant plus être exécutées par lui, nous sommes dégagés nous-mêmes des obligations que nous avions contractées.*

» Toutefois, Monsieur, nous n'aurions peut-être pas songé à nous prévaloir de la faculté que nous donne la non-exécution par le Gouvernement mexicain des engagements du traité de Miramar, pour nous déclarer affranchis des nôtres, si notre résolution à cet égard n'était pas commandée par une considération de fait qui n'admet pas de discussion. Le Gouvernement mexicain est impuissant à nous fournir les ressources financières indispensables à l'entretien de notre état militaire, et il nous a même demandé de prendre en outre à notre charge la plupart des dépenses de son administration intérieure. Ces embarras ne sont pas nouveaux, et, à diverses reprises, nous avons essayé d'y pourvoir en *facilitant des emprunts* qui ont mis à la disposition du Mexique des sommes importantes. Aujourd'hui, tout nouveau recours au crédit est reconnu impossible.

» Que nous reste-t-il à faire en présence du vide constaté du Trésor mexicain et des charges que sa pénurie rejette sur nous ? Les prévisions de notre budget ne nous fournissent aucun moyen de suppléer à ce déficit. *Le Mexique ne pouvant pas payer les troupes qve nous entretenons sur son territoire,* IL NOUS DEVIENDRAIT IMPOSSIBLE DE LES Y MAINTENIR.

» Quant à demander à notre pays de nouveaux crédits pour cet objet, je m'en suis expliqué avec vous ; comme je vous l'ai dit, *l'opinion publique a prononcé, avec une irrécusable autorité, que la limite des sacrifices était atteinte. La France refuserait d'y rien ajouter, et le Gouvernement de l'Empereur ne le lui demandera pas.....*

Le jour suivant, 16 janvier, le baron Saillard partait pour Mexico, porteur d'instructions confidentelles.

Que penserait-on du Gouvernement français, si au moment où il traçait ces instructions et constatait la nullité de ses créances sur le Mexique, il avait laissé ignorer cette situation et ses nouvelles résolutions au syndicat des banquiers et si, en même temps, il eût tiré de son portefeuille les obligations que lui-même avait rendues désormais sans valeur en abandonnant Maximilien, pour les livrer au public par l'entremise de ses receveurs genéraux et faire passer dans les caisses du Trésor, en échange de titres illusoires, des capitaux surpris à la bonne foi et à la crédulité des citoyens ?

Et cependant le Gouvernement ne faisait pas connaitre cet état de choses au syndicat, et celui-ci continua d'exécuter le traité jusqu'en mai 1866.

§ III.

Conséquences immédiates du retrait de la protection française.

Les conséquences du changement survenu dans la politique française ne se firent pas attendre.

D'après l'article 2 du traité de Miramar, les troupes françaises ne devaient « évacuer le Mexique qu'au fur et à mesure que l'empereur du Mexique pourrait organiser les troupes nécessaires pour les remplacer. »

Or, à la fin de l'année 1865, Maximilien n'avait pu encore mettre sur pied que 43,520 hommes et 12,482 chevaux ; encore manquait-il complétement de ressources pour les faire subsister.

Aussi les troupes impérialistes, n'étant pas payées et mourant de faim, passaient-elles à l'ennemi. La dissolution complète de l'armée mexicaine était à craindre.

La pénurie était telle que, malgré les instructions récentes du Gouvernement français, le maréchal Bazaine crut pouvoir prendre sous sa responsabilité d'ordonner, le 4 février 1866, au payeur général de l'armée française de faire une avance de 5 millions.

Cet acte fut blamé par le Gouvernement. En lui répondant à ce sujet au mois d'avril 1866, on lui défendit formellement d'avancer à l'avenir la moindre somme.

Dans ces conjonctures, le 28 avril 1866, le Président du Conseil des ministres de Maximilien, qui était en même temps ministre des finances, M. de Lacunza, écrivit au maréchal Bazaine une lettre qui présente ici une véritable importance, en ce qu'elle atteste la situation désespérée dans laquelle se trouvait l'Empire mexicain par suite du retrait du double appui *militaire* et *financier* de la France. Cette lettre doit être citée en entier.

« Mexico, 28 avril 1866

» *A Son Excellence M. le Maréchal Bazaine.*

» Très-estimé Maréchal,

» J'ai eu l'honneur, hier, de vous rendre visite, et vous savez que le principal objet de cette visite a été de manifester à Votre Excellence l'irrécusable nécessité de continuer au Trésor mexicain les avances de fonds que lui a faites, ces mois derniers, le Trésor français. Je veux aujourd'hui répéter à Votre Excellence mes instances les plus urgentes sur le même sujet, et lui repéter aussi dans quelles circonstances nous nous trouvons, et *à quels résultats nous devons nous attendre, si nous n'en sortons pas promptement.*

» Chargé depuis peu de jours de la direction des Affaires financières, je peux dire les choses telles qu'elles sont, puisqu'elles n'engagent pas ma responsabilité; et, si ces choses ne sont point une nouveauté pour Votre Excellence, qui les connaît bien, leur franche exposition lui permettra de s'écrier : « Cet homme dit la vérité ! »

» La situation militaire, sous le point de vue des finances, est bien connue de Votre Excellence. Dans le Nord, la division Mejia vit péniblement en consommant les faibles ressources de la localité où elle se trouve, en faisant des emprunts presque forcés, et en tirant en outre sur Vera-Cruz des sommes importantes.

» Dans ce même Nord, les troupes que commande Quiroga n'ont matériellement pas d'aliments, et ce chef se voit obligé de faire payer, en avance, les contributions de toute une année, d'exiger malgré cela des emprunts, et de placer les citoyens qui résident là où il se trouve dans la nécessité d'émigrer pour ne pas être victimes de vexations.

» Dans le Sud, les troupes qui sont sous les ordres de Franco ne peuvent sortir de Oajacca pour se porter à l'encontre des ennemis qui les menacent, parce que la solde journalière du soldat n'est pas assurée et parce qu'il n'y a pas de fourrage pour les chevaux.

» Dans le centre de l'empire, c'est pour des raisons semblables que Florentino Lopez (1) a perdu tant de jours avant de se mouvoir pour sortir de San-Luis.

» Les troupes austro-belges sont endettées de près d'un demi-million de piastres; et, avant que Votre Excellence ne les ait fait payer par le Trésor français, elles auront dépensé leur dernier centime et consommé toutes les provisions de leurs places de guerre.

» Il est inutile de pousser plus loin le triste tableau de la pénurie de nos ressources au point de vue militaire; Votre Excellence la connaît, et à elle-même, lorsqu'elle a demandé qu'on vînt pécuniairement au secours de certains corps de troupes mexicaines, j'ai dû répondre qu'il n'y avait pas moyen de le faire.

» Cependant, que se passe-t-il dans la caisse centrale de Mexico? Là, ce sont diverses traites tirées sur elle, et dont le montant s'élève à environ trois cent mille piastres, qui n'ont pas été payées, et pour lesquelles il n'y a pas d'espérance de paiement; ce sont des exigences très-urgentes auxquelles on ne saurait faire face; ce sont, enfin, les troupes de la garnison auxquelles on doit *la solde de près de deux mois.*

» Vos ɪɴsᴛʀᴜᴄᴛɪᴏɴs *portent que vous ne devez plus faire d'avance au Mexique.* Ces instructions se trouvent directement en contradiction avec les intentions amicales et la politique elle-même de l'Empereur.

» Y a-t-il un remède à cette situation? Certainement, il y en a un, et ce n'est pas moi qui l'affirme; c'est M. Langlais qui l'a dit, lui qui possédait toute la confiance de la France, et en était certainement digne.

» Quel est ce remède? Il consiste en un nouveau système financier par lequel les dépenses seront diminuées et les revenus augmentés. Déjà ce système est arrêté en projet, presque rédigé, et en grande partie mis en pratique.

» Toutes les dépenses ont été réduites au plus bas chiffre, en commençant par la liste civile de l'Empereur; Sa Majesté se contente du tiers de la liste civile assignée, il y a près d'un demi-siècle, à l'empereur Iturbide. On élabore, comme Votre Excellence le sait, l'ordre nouveau qui doit être exigé

---

(1) Général décédé à Matehuala.

dans les revenus publics, et duquel on attend leur plus grande augmentation, et l'on prépare les projets de nouveaux impôts, dont une partie est déjà appliquée, par exemple, dans les douanes maritimes.

» Mais il n'est pas donné à l'homme de retarder ni d'accélérer la marche du temps, et c'est là l'élément de toute espèce de bien ou de progrès. Pour produire leur effet, les nouveaux plans, qui, j'en ai la confiance, ne tromperont pas nos espérances, ont inévitablement besoin d'une certaine période de temps pour leur mise en pratique.

» Pendant cette période de transition, il faut compter sur quelque chose : *ce ne peut encore être les ressources nouvelles*, et il est nécessaire que ce soit la France qui nous le fournisse. Cette vérité, aussi, fut reconnue et mise en pratique par M. Langlais.

» Lors de sa mort, bien regrettée, les secours matériels furent un moment interrompus, et le Gouvernement dut subir la loi des capitalistes auxquels il s'adressa. Votre Excellence n'ignore pas ce qu'il en advint : des affaires ruineuses en tout point, telles qu'on doit en faire sous la pression de la nécessité, donnèrent au Gouvernement des ressources qui durèrent huit jours, et le discréditèrent pour beaucoup plus de temps, l'obligeant à employer, pour le remboursement, jusqu'à une partie des rentes maritimes, avec lesquelles on devait payer les emprunts extérieurs.

» Tel est le résultat produit par le retrait de la Coopération française avant le temps voulu.

» Je dirai quelques mots de plus sur ces résultats. Votre Excellence comprendra que le fait de ce qu'une grande partie des Mexicains ont accepté l'intervention française, de ce qu'ils ont egalement accepté l'empire et le soutiennent aujourd'hui, en dépit des principes républicains qui furent ceux de leur enfance, constitue un argument puissant ; car, à l'idée d'intervention et d'empire, se rattache celle de bonne foi, d'ordre, de fidélité au Gouvernement, et, conséquemment, celle de l'indépendance de la race latine dans le nouveau monde. Telle a été du moins la manière dont a été comprise ici la grande conception de l'empereur Napoléon.

» Jusqu'à ce jour, l'Empire et l'intervention ont joué un rôle satisfaisant. Les désordres dans le département des finances (celui dont nous nous occupons pour le moment) avaient disparu, les paiements étaient ponctuels, les revenus n'étaient plus exposés aux spéculations de l'agiotage, et les emprunts souscrits en Europe présentaient une forme régulière. Si, après avoir épuisé les ressources produites par ces emprunts, comme cela a lieu, l'Empereur se voit obligé à ne plus payer les dépenses et à entrer dans la voie de l'antique désordre, tout le bien produit par le nouveau système et toutes les espérances conçues deviendront problématiques. Le résultat final s'obtiendra, mais les sacrifices et les nouvelles dépenses qu'il exigera se prolongeront et se multiplieront de telle façon que personne ne peut les prévoir aujourd'hui.

» L'alternative pour Votre Excellence est donc celle-ci : ou bien imposer aujourd'hui au Trésor français une charge légère pour terminer une œuvre entreprise par l'empereur Napoléon, laquelle est grande et utile en elle-même ; ou bien vous abstenir de le faire, et imposer en conséquence à ce même Trésor français des dépenses et des sacrifices beaucoup plus grands.

» L'entreprise ne peut être abandonnée : Votre Excellence la terminera-t-elle à peu de frais ? ou bien laissera-t-elle à son Gouvernement la tâche de la terminer au prix de sacrifices immenses ?

» Telle est la question, Monsieur le maréchal, que soumet à Votre Excellence votre ami sincère et très-affectionné.

« Signé J. M. DE LACUNZA. »

Deux jours après la remise de ce document, Maximilien convoqua dans son palais le maréchal, M. Danô, l'inspecteur des finances délégué par la France, et tous les ministres de la couronne.

« La scène , dit M. de Kératry, était pleine de tristesse. M. Lacunza réclamait hautement de notre Trésor un prêt mensuel d'un million. Les représentants de notre Gouvernement, en vertu des instructions formelles qui leur avaient été adressées, avaient opposé une fin non-recevoir. Alors l'Empereur, se jetant dans la discussion, s'écria :

« En faisant abstraction de tous les détails, la question peut se résumer
» en peu de paroles : la BANQUEROUTE DU TRÉSOR ou l'espoir de le sauver. Si les per-
» sonnages qui représentent la France dans cette réunion ne veulent pas
» prendre la responsabilité d'avoir dépensé quelques millions, ils prendront
» celle D'AVOIR LAISSÉ VENIR LA BANQUEROUTE. »

Maximilien prit le parti d'adresser un appel personnel et direct à l'empereur des Français, et c'est alors qu'il envoya à Paris le général Almonte, avec un rapport confidentiel dans lequel il exposait la situation réelle et faisait connaître la nécessité absolue, sous peine de tout perdre, d'envoyer au plus vite de nouvelles forces et de nouveaux subsides.

Le général Almonte ne rapporta qu'un refus complet.

Ce refus brisa la dernière espérance de Maximilien.

Dans l'impossibilité de surmonter les difficultés qui l'assiégeaient, il résolut d'abdiquer.

C'était le 7 juillet. Il rédigea, à la connaissance de tout son entourage, un acte consacrant la chute de la monarchie mexicaine.

Il allait le signer, lorsque l'Impératrice retint sa main. Elle délara qu'elle allait partir immédiatement pour l'Europe.

Elle croyait pouvoir, par son ascendant personnel, obtenir de Napoléon III de l'argent, et du Pape un Concordat qui terminerait la dangereuse affaire des biens du clergé.

« Pour assurer les frais de route de l'auguste voyageuse, dit M. de Kératry, il fallut, le Trésor se trouvant épuisé, recourir à la *Caisse des Eaux* pour une somme de 30,000 piastres (150,000 francs). » Or, la ville de Mexico étant bâtie au milieu d'un lac et devant être préservée des inondations par des travaux incessants, la *Caisse des Eaux* est une réserve sacrée pour une œuvre de salut public. La peinture de la situation est achevée par ce dernier trait.

On sait ce qui advint de ce voyage. L'infortunée princesse alla perdre successivement à Paris et à Rome ses dernières illusions.

Les derniers faits qui ont consommé la ruine de l'empire mexicain n'offrent plus aucun intérêt. Tout se résume et se confond dans ce double dénoûment d'un drame terrible :

L'Impératrice demeurée folle en Europe !

L'Empereur fait prisonnier et fusillé à Queretaro !

SECTION III.

DIVERSES CAUSES DE RÉSILIATION.

Nous pouvons maintenant mettre en relief les causes principales de résiliation du traité du 28 septembre 1865.

Cinq causes, suivant nous, commandaient cette résiliation.

Le traité devait être résilié :

1° Parce que la condition essentielle du contrat, celle sans laquelle il n'aurait pu intervenir, à savoir la consolidation de l'empire mexicain par les armes de la France, ne s'était pas realisée ;

2° Parce que la nature et l'objet du traité, tendant à l'écoulement des obligations mexicaines que possédait le Gouvernenent français *avec l'intervention et le patronage de ce dernier*, ne permettaient pas de continuer un tel placement du moment où le Gouvernement mexicain était abandonné par la France ;

3° Parce qu'on se trouvait dans le cas de force majeure prévu expressément par le contrat lui-même comme devant entraîncr la résiliation ;

4° Parce que, à raison des circonstances politiques qui le dominaient, le Gouvernement ne pouvait pas contester la force majeure, faire porter devant la justice et soumettre à une discussion publique la question de la situation de l'entreprise mexicaine ;

5° Parce qu'enfin des considérations spéciales de justice exigeaient impérieusement la résiliation des conventions du 28 septembre 1865.

En développant ces diverses causes de résiliation, nous ne ferons au surplus que justifier cette proposition déjà citée du discours prononcé par M. Rouher devant le Corps législatif dans la séance du 20 juin 1867 :

« La question de savoir s'il y avait réellement force majeure a été examinée avec le plus grand soin par le Gouvernement : *il a examiné la lettre du contrat ; et les circonstances, les causes politiques qui l'avaient déterminé à retirer ses troupes et à fixer officiellement et solennellement l'époque de ce retrait, et d'autre part les événements qui s'accomplissaient au Mexique* l'ont déterminé à penser qu'il n'était pas possible d'exiger des souscripteurs du contrat du 28 septembre 1865 l'exécution de leurs engagements. »

§ Ier.

Première cause de résiliation.

Nous disons, EN PREMIER LIEU, que le contrat du 28 septembre 1865 avait dû être résilié par cela seul que l'empire mexicain n'avait pas été consolidé, et que la France, reconnaissant la grandeur des obstacles qui s'opposaient à cet affermissement, renonçait à son entreprise et se résignait à laisser renverser le Gouvernement dont elle avait reçu les titres à négocier.

L'affermissement du trône de Maximilien était en effet la condition essentielle et *sine quâ non* du maintien et de l'exécution du contrat.

Ce n'est pas seulement que, comme nous l'avons vu, ce contrat fût intervenu sous l'empire du traité de Miramar qui réglait les obligations du Gouvernement français envers le nouvel empire, et que, d'après le traité de Miramar, le Gouvernement français fût tenu de laisser ses troupes au Mexique jusqu'à ce que Maximilien pût pourvoir à sa propre sécurité.

Ce n'est pas non plus que, par des déclarations réitérées faites à la tribune, le Gouvernement français eût pris l'engagement de ne retirer son armée que lorsqu'elle aurait accompli son œuvre et triomphé de toutes les résistances (Discours de MM. Corta et Rouher au Corps législatif en date du 20 juin 1867).

Mais le maintien de l'empire mexicain était la condition du contrat du 28 septembre, parce que, sans lui, ce contrat ne pouvait exister ni même se concevoir.

Il s'agissait en effet d'obligations qui devaient avoir pour débiteur un Gouvernement non encore affermi, et que la France elle-même était en train de fonder et de consolider.

Or, on ne pouvait traiter, pour le placement de semblables obligations, que sous la condition que ce Gouvernement ne serait pas abandonné par la France et qu'il serait réellement et définitivement établi.

Le Gouvernement mexicain ne subsistait pas encore par lui-même, il n'existait *qu'appuyé et soutenu par les armes de la France.* C'étaient les obligations d'un tel gouvernement qui avaient fait l'objet du contrat du 28 septembre 1865.

Il suit de là que la consolidation de ce Gouvernement, et, par suite, la continuation du concours de la France était la condition absolue, nécessaire, virtuelle, du contrat lui-même, et qu'il n'avait pas été besoin de l'y écrire pour qu'elle dût y être attachée.

Cette condition existait de plein droit, et telle était évidemment la pensée de M. le ministre de la justice lorsque, dans son discours du 23 juillet 1867, s'expliquant sur les réserves contenues dans la convention du 28 septembre 1865, il disait que « cette convention stipulait le cas de force majeure *dans des conditions qui seraient peut-être celles de la loi générale, du droit commun.* »

C'est qu'en effet, d'après le droit commun, le seul fait du renversement de l'empire établi par la France au Mexique, et à la charge duquel avaient été créées les obligations négociées par le contrat du 28 septembre 1865, devait entraîner la résiliation de ce contrat.

M. le ministre d'État, à son tour, parlant de la clause du contrat qui prévoyait le cas où le Gouvernement mexicain serait renversé par la guerre ou par la révolution, traduisait cette clause comme si elle eût prévu purement et simplement, et en termes généraux, *le renversement de Maximilien*. C'est qu'effectivement. dans la pensée des parties contractantes, le nouvel empire devait être soutenu par la France contre les périls de la guerre ou de la révolution, et que, s'il pouvait être nécessaire de prévoir l'insuccès dans la lutte, il ne l'était pas de s'occuper d'un abandon volontaire, incompatible avec l'émission de titres d'un gouvernement abandonné comme impuissant et perdu désormais.

Lorsque la publication faite en avril 1866 des dépêches adressées à M. Dano les 14 et 15 janvier de la même année eut révélé au syndicat les résolutions du Gouvernement français à l'égard du Mexique, M. Pinard adressa, comme on le sait, le 9 mai, à M. le Ministre des finances une lettre par laquelle il réclamait sous toutes réserves l'ajournement du traité ; et quand, après un certain temps, les prévisions du syndicat eurent été confirmées, que M. le Ministre lui-même n'hésitait plus à reconnaître le véritable état des choses, M. Pinard écrivit à celui-ci, le 4 août, une nouvelle lettre par laquelle il donnait suite à la première, et déclarait que les banquiers tenaient le contrat pour résilié et se considéraient eux-mêmes comme déliés de leurs engagements.

Or, dans cette lettre du 4 août, l'exposant ne se préoccupait aucunement du point de savoir si l'entreprise avait échoué par l'effet de la guerre ou de la révolution, ou si l'insuccès était dû simplement à ce que la France avait abandonné l'œuvre commencée. M. Pinard insistait seulement, comme on l'a vu, sur ce fait général que les événements à raison desquels on avait traité, et qui se résumaient dans *l'établissement d'un Gouvernement stable et régulier au Mexi-*

que, ne s'étaient pas réalisés, et sur ce fait spécial qu'on n'avait pas pu y créer, comme on avait tenté de le faire, une organisation financière qui eût été indispensable pour donner quelque garantie aux créanciers de l'État. (V. notamment le 3ᵉ alinéa de la lettre du 4 août.)

S'expliquant sur la situation des finances du Gouvernement mexicain à la date où il écrivait, il faisait observer « que cette situation avait toujours été en s'aggravant, au point de faire redouter *l'interruption prochaine des intérêts, du tirage et de l'amortissement des obligations.* »

M. le ministre d'État s'est attaché à cette [situation désespérée du Trésor mexicain, lorsque, dans son discours du 23 juillet 1867, pour justifier la résiliation, il disait : « Pouvions-nous ignorer ce fait? Non. Était-il difficile de le vérifier? Nous nous sommes adressés à M. de Germiny, nous lui avons dit : Avez-vous les fonds nécessaires pour le terme d'octobre? — *« Non »*, *et en effet le terme n'a pas été payé.* »

Le Gouvernement s'était d'ailleurs fondé, pour admettre la résiliation, sur le fait plus général de l'inaccomplissement de la condition essentielle du contrat, puisque, d'après un passage précité d'un autre discours de M. Rouher, il avait considéré le retrait anticipé du concours de la France et les conséquences qui s'en étaient suivies comme constituant un cas de force majeure qui avait délié le syndicat de ses engagements.

Il n'échappera pas, du reste, au Conseil, que l'on n'a pas pu procéder autrement que l'on n'a fait et que le syndicat n'a pas pu dénoncer plus tôt à M. le ministre des finances la résiliation du traité du 28 septembre 1865. La confiance des banquiers avait été entretenue jusqu'au mois d'avril 1866 par les déclarations officielles du Gouvernement. On verra plus bas par quelques citations (p. 79 et suiv.) combien ces déclarations étaient formelles et rassurantes. Ce fut la publication des dépêches à M. Dano qui éveilla les inquiétudes du syndicat, et, tout aussitôt, par la lettre du 9 mai, ce dernier demanda un ajournement accompagné des réserves que l'on connaît et qui furent acceptées par M. le ministre. Ces réserves, tout en attestant de la part des banquiers l'intention d'exécuter le contrat si l'empire mexicain eût dû subsister, leur conservaient évidemment le droit d'en invoquer la résiliation dans le cas contraire, et il devait leur suffire de dénoncer cette résiliation, dans cette dernière hypothèse, comme ils l'ont fait, avec l'assentiment de M. le ministre des finances, par la lettre du 4 août 1866.

§ II.

Seconde cause de résiliation.

La SECONDE CAUSE de résiliation se tirait de la nature et de l'objet même du contrat dont il s'agissait.

Ce contrat, à la différence de celui d'avril 1865, intéressait directement le Gouvernement français et non le Gouvernement mexicain. C'était pour procurer à l'État la valeur du titre de rente resté dans son portefeuille, qu'avait eu lieu la conversion de ce titre en un certain nombre d'obligations composant une deuxième série, et qu'était intervenu le traité du 28 septembre relatif à l'écoulement de ces obligations dans le public français.

Le Gouvernement français était donc VENDEUR, *tenu nécessairement de la garantie*, et si, par ses résolutions imprévues, *il détruisait la valeur des titres*, il cessait de pouvoir en continuer l'émission pour en réclamer, contrairement à toutes les règles du droit et de la loyauté, le prix et le placement.

Nous avons dit que ce placement avait été confié à un établissement public, au Comptoir d'escompte, autorisé à réclamer le concours de tous les agents financiers du Trésor.

Le syndicat des banquiers n'était, à côté du Comptoir d'escompte et des receveurs ou percepteurs, qu'un intermédiaire chargé de supporter les chances de cours essentiellement variables, et c'est ainsi que tous les versements mensuels qui devaient être faits au Trésor devaient avoir lieu suivant le taux uniforme de 300 francs par obligation.

Ajoutons que le concours que les receveurs généraux et particuliers, ainsi que les percepteurs, devaient fournir au Comptoir d'escompte, avait un caractère éminemment *actif*. C'était là une des différences qui séparaient l'émission mexicaine d'avril 1865 et l'émission française du mois de septembre de la même année.

Dans l'émission d'avril 1865, les receveurs et percepteurs n'avaient été que des intermédiaires purement passifs, se bornant à recevoir les souscriptions, à encaisser les fonds et à les échanger contre les titres. Dans l'affaire de la CONVERSION, au contraire, les fonctionnaires publics devenaient de véritables agents de change.

Le comité des receveurs généraux avait, comme nous l'avons vu, adressé le 16 octobre 1865 aux receveurs particuliers et aux percepteurs une circulaire qui les invitait à *prendre immédiatement les mesures nécessaires pour le placement* des obligations dans leurs clientèles respectives. D'après cette circulaire, il leur était alloué, sur le prix intégral de chaque obligation placée par eux, une commission de 1/2 0/0 plus une autre prime de 1/2 0/0 après l'opération, et on leur faisait remarquer que cette commission dépassait le courtage ordinaires des agents de change. Toutes les correspondances et transmissions d'espèces devaient se faire sous le couvert du mouvement général des fonds comme affaire d'État, c'est-à-dire avec franchise de poste.

Enfin d'immenses affiches, annonçant l'émission des obligations de la seconde série, avaient été envoyées par le ministère des finances (direction du mouvement des fonds) dans les départements, pour être placardées à la porte des receveurs et des percepteurs, ainsi que dans les mairies.

L'opération, présentant ce caractère et exécutée de cette façon, pouvait-elle être continuée par le Gouvernement dans les circonstances survenues depuis le traité et qu'exposait la lettre du 4 août 1866?

Cela n'était évidemment pas possible.

Le Gouvernement français savait en effet, au moins depuis le mois de janvier de cette même année, le sort réservé à l'empire mexicain, bien qu'il n'en eût pas informé le syndicat et que celui-ci eût exécuté le traité jusqu'au terme de mai 1866.

Il savait à quelles extrémités cet empire était réduit depuis qu'il lui avait lui-même refusé tous secours en hommes et en argent.

Le Gouvernement français connaissait l'agonie politique et financière du Gouvernement de Maximilien, agonie se traduisant par les faits et incidents que nous avons rapportés et qui se passaient alternativement à Mexico et à Paris : réunion du Conseil des ministres dans le palais de Maximilien à Mexico, voyage du général Almonte à Paris, projet d'abdication de Maximilien, enfin arrivée de l'Impératrice Charlotte aux Tuileries.

Dans de telles circonstances, le Gouvernement français ne pouvait manifestement pas laisser le Comptoir d'escompte et tous les receveurs et percepteurs des finances de France émettre, « *en prenant pour cela toutes les mesures nécessaires et en employant tous les moyens possibles* », des titres dont le débiteur touchait à sa fin et allait inévitablement s'éteindre.

Le Gouvernement ne pouvait pas laisser placer en son nom et par ses fonctionnaires des valeurs purement illusoies, quand déjà il était constant que le Trésor mexicain était épuisé et que le prochain terme d'intérêts ne serait pas même payé.

C'est ce qu'expliquait M. le ministre d'État devant le Corps Législatif, dans un passage déjà cité du discours qu'il prononça le 23 juillet 1867.

§ III.

Troisième cause de résiliation.

Le traité devait être résilié, EN TROISIÈME LIEU, parce qu'on se trouvait dans le cas de résiliation expressément prévu par le contrat.

Il avait été effectivement stipulé que, « en cas de force majeure, c'est-à-dire, portait la clause, si le Gouvernement mexicain était renversé par une guerre ou par une révolution, le contrat serait résilié de plein droit, sans indemnité pour la partie restant à exécuter. »

Nous nous sommes déjà expliqué sur la validité de cette clause, vainement contestée par M. Berryer devant le Corps législatif, et qui ne saurait plus aujourd'hui être mise en doute depuis la réponse, si complète et si péremptoire, faite par M. le garde des sceaux. Aussi bien M Berryer avait-il lui-même reconnu que, dans beaucoup de cas, les parties, au moment de signer un acte et de prendre un engagement, déclarent ne le vouloir faire que sous une certaine réserve : « Il arrive tous les jours, avait-il dit, qu'avant de signer un acte, un pacte quelconque, on dise : Nous avons fait une convention entre nous ; mais avant de signer, je désire faire telle ou telle réserve. »

Le cas de force majeure prévu dans l'espèce s'est-il réalisé ?

Ce fait ne saurait être contesté.

Aujourd'hui surtout, et après les faits qui ont suivi au Mexique la cessation du concours de la France, on ne peut nier que la condition mise à la résiliation du traité du 28 septembre 1865 ne se soit pleinement accomplie ; car on ne saurait exiger, pour que la résiliation dût avoir lieu, que Maximilien fût déjà fait prisonnier et fusillé par ses sujets, ou qu'il eût complétement disparu du Mexique avec son armée. Le contrat devait être résilié, d'après l'intention des parties et l'esprit manifeste de la clause, du moment que sa chute serait décidée et rendue inévitable par le retrait de la coopération française.

Cela posé, il s'agit de savoir ce qui a déterminé le retrait de la coopération française, si ce n'est pas par la guerre ou par la révolution que le Gouvernement français a été amené à prendre le parti que l'on connaît, à renoncer à l'accomplissement de l'œuvre qu'il avait entreprise.

Ce sont, tout à la fois, *la guerre* et *la révolution*, qui ont déterminé la France à se retirer du Mexique.

C'est d'abord la GUERRE.

Pour rester dans la pensée de la stipulation, nous entendons par là la guerre étrangère.

C'est la guerre du nouveau Gouvernement mexicain avec les États-Unis qui a effrayé le Gouvernement français, et qui l'a décidé à abandonner l'entreprise commencée. Le Gouvernement de l'Empereur n'a pas pensé que les intérêts de la France dans la question mexicaine fussent suffisants pour lui faire courir les risques et supporter les dépenses d'une guerre avec les États-Unis sur le territoire américain, et telle a été, nous l'avons assez démontré en rappelant et en précisant les faits, la véritable cause des résolutions prises par le Gouvernement français au commencement de l'année 1866.

C'est en outre la RÉVOLUTION qui a décidé ce Gouvernement, comme c'est elle qui a définitivement renversé et brisé Maximilien.

Par ce mot « révolution », les parties contractantes avaient en effet entendu, incontestablement, les résistances que l'Empire rencontrait dans l'intérieur du Mexique et avec lesquelles il était aux prises.

Or, ce sont ces résistances, appuyées par les États-Unis, que le Gouvernement français a désespéré de vaincre, et qui, après le retrait du concours de la France, ont si rapidement anéanti les derniers restes de la puissance de Maximilien.

Le Gouvernement a lui-même reconnu l'exactitude de la double cause dont il s'agit, comme cela résulte du passage susrappelé du discours de M. Rouher. (Voir page 21 de ce mémoire.)

Les *causes politiques qui*, d'après M. le ministre d'État, *avaient déterminé le Gouvernement à retirer ses troupes et à fixer officiellement et solennellement l'époque de ce retrait*, c'étaient évidemment l'attitude et la pression de plus en plus énergiques des Etats-Unis ; et les *événements qui d'autre part s'accomplissaient au Mexique*, c'étaient : le triomphe de la révolution ou de la république mexicaine, et la chute rapide et manifeste de Maximilien.

Tels étaient évidemment les faits qui, d'après le Gouvernement français lui-même et suivant les paroles du même orateur, *présentaient le caractère de la force majeure* et ne permettaient plus de continuer l'exécution du traité du 28 septembre 1865.

Quant au discrédit COMPLET dont étaient frappées les obligations objet du contrat, ce n'était pas, il faut bien le remarquer, une simple dépréciation, mais un *anéantissement absolu de la valeur qu'elles représentaient en tant que titres reposant sur le Gouvernement mexicain*.

Les titres dont il s'agit n'avaient plus et ne pouvaient plus avoir de valeur qu'à raison de l'obligation de garantie qui, d'après la conviction des acheteurs, incombait au Gouvernement français. C'était uniquement comme titres donnant droit à une indemnité contre le Gouvernement français, non comme valeurs reposant sur la solvabilité d'un débiteur effectif, que les obligations mexicaines devaient être appréciées et acceptées par le public. La lettre du 4 août 1866, écrite par M. Pinard à M. le ministre des finances, en conséquence des réserves contenues dans celle du 9 mai précédent, exposait à son Excellence quelles étaient dès ce moment les réclamations et les espérances des porteurs d'obligations.

§ IV.

Quatrième cause de résiliation.

La résiliation avait été acceptée, EN QUATRIÈME LIEU, par des raisons qui s'étaient imposées au Gouvernement, et qui, pour appartenir à l'ordre purement politique, n'en étaient pas moins parfaitement légitimes.

C'est encore aux discours prononcés par MM. les ministres, et spécialement au dernier discours de M. le ministre d'État, que nous empruntons cet ordre de raisons.

Le contrat du 28 septembre 1865 avait été, pendant tout le temps de son exécution, dominé par des événements qui avaient absorbé toutes les préoccupations du Gouvernement.

Assurément le Gouvernement n'avait pas songé à ce contrat lorsque, dans les premiers mois qui suivirent sa formation, cédant à la mise en demeure des États-Unis, il avait pris l'engagement de retirer ses troupes du Mexique.

Il ne s'en était pas préoccupé davantage quand, pressé tout à la fois par l'insistance des États-Unis et par les manifestations de l'opinion publique, il avait dû refuser à la monarchie expirante de Maximilien toute espèce de secours, et que de plus il lui avait fallu, comme l'a dit M. Rouher, fixer officiellement et déclarer solennellement l'époque du rappel de son armée.

Enfin, lorsque, à la date du 4 août 1866, conformément aux réserves exprimées dans la lettre du 9 mai précédent, le syndicat vint déclarer à M. le ministre des finances que les événements accomplis ou qui s'accomplissaient au Mexique *constituaient un cas de force majeure* par suite duquel le contrat se trouvait résilié, le Gouvernement était, politiquement parlant, dans l'impossibilité la plus absolue de contester ce fait, et cette seule raison eût été suffisante pour le déterminer à admettre la résiliation, lors même que beaucoup d'autres causes ne l'auraient pas rendue nécessaire.

Le Gouvernement ne pouvait effectivement pas, à la date du 4 août, engager un procès et laisser porter devant la justice la question de savoir si la chute de Maximilien était ou non désormais certaine et à partir de quelle époque elle devait être regardée comme telle.

Il ne pouvait laisser poser cette question, ni au point de vue de la politique intérieure, ni au point de vue de la politique extérieure.

A l'intérieur, une décision de la justice sur ce point eût jeté la perturbation dans les esprits; elle eût déterminé une crise sur le marché et ruiné les porteurs d'obligations, en faisant tomber ces obligations aux plus bas cours.

Au point de vue de l'extérieur, le débat en question eût précipité la chute de Maximilien, et il eût compromis les intérêts que le Gouvernement français cherchait encore à ménager au Mexique.

Ajoutons qu'au commencement d'août 1866 la politique extérieure de la France avait à compter, non-seulement avec l'Amérique, mais encore avec l'Europe. La bataille de Sadowa est du 5 juillet 1866! Le Gouvernement devait craindre et éviter tout ce qui était de nature à marquer et à accentuer davantage de pénibles mécomptes.

C'est dans ces circonstances, jointes à toutes celles que nous avons précédemment indiquées, que la lettre du 4 août, déjà annoncée par celle du 9 mai et qui réalisait l'une de ses prévisions formelles, resta sans protestation aucune, et que M. le ministre des finances accepta purement et simplement les conclusions qui y étaient formulées.

En acceptant la résiliation, le ministre ne pouvait d'ailleurs évidemment avoir la pensée de la contester plus tard et de la rétracter quand l'exécution du contrat serait devenue tout à fait impossible et absolument impraticable.

Citons les paroles de M. le ministre d'État sur les considérations de l'ordre politique qui ont déterminé le Gouvernement à accepter la résiliation.

« Qu'a fait le Gouvernement, disait M. Rouher à la séance du 23 juillet, que devait-il faire?... Il s'est arrêté, il n'a pas voulu, par un procès intervenant dans une situation aussi tendue, introduire devant les tribunaux, ou devant une autorité administrative, la question de la stabilité ou de la chute prochaine de l'empire du Mexique. Il a attendu : les événements se sont précipités vers une catastrophe cruelle ! »

Ici M. le ministre d'État touche le point de savoir si une action est encore possible aujourd'hui, et, quoique empreintes à cet égard d'une réserve nécessaire, ses paroles sont encore très-significatives :

« Voulez-vous, continue-t-il, que le Gouvernement poursuive aujourd'hui? Croyez-vous qu'il soit nécessaire de le faire, en face du dénouement qui a terminé cette situation ? Croyez-vous que nous aurions une grande force devant l'autorité judiciaire ? »

Et plus loin :

« Le Gouvernement a pris le parti le plus modéré et le plus équitable ; il ne s'est pas hâté de prononcer une résiliation que des événements cruels et de force majeure semblent avoir accomplie à l'heure actuelle... Le Gouvernement croit qu'en face de cette situation douloureuse, la seule conduite à tenir, *c'est de conserver les obligations dont il est détenteur, sans faire de* VAINS EFFORTS *pour les mettre entre les mains des banquiers et* FORCER CEUX-CI A LES JETER SUR LE MARCHÉ. »

Le ministre de la justice avait dit dans la même séance :

« La convention, vous la connaissez. Elle stipule le cas de force majeure dans des conditions qui seraient peut-être celles de la loi générale, du droit commun. Cette convention doit-elle être exécutée? Le Trésor peut-il, dans l'état actuel des choses, ou même en se plaçant dans la situation du mois d'août....., le Trésor pouvait-il demander l'exécution de la convention? L'obtiendrait-il ?

. . . . , ...

» Je me borne à vous signaler les considérations qui ont dû arrêter le ministre des finances au mois de mai et au mois d'août. Un procès qui, à cette époque, aurait été intenté contre la Compagnie Pinard aurait-il profité à quelqu'un? N'aurait-il pas aggravé la dépréciation des cours? Était-il dans l'intérêt des porteurs d'obligations d'écraser le marché par une brusque accumulation de titres, et, *en mettant à nu la* VÉRITABLE SITUATION DES VALEURS MEXICAINES, *de précipiter la crise?* Ne s'exposait-on pas ainsi à causer un grand dommage aux banquiers *sans profit pour personne?* »

Nous n'hésitons pas à dire, avec MM. les ministres d'État et de la justice, que le Gouvernement, après s'être abstenu par les raisons qui précèdent de contester au mois d'août 1866, et même pendant tout le temps écoulé depuis, la résiliation dénoncée par le syndicat, conformément aux réserves contenues dans la lettre du 9 mai, ne saurait plus être reçu aujourd'hui à soulever une question qu'il n'a pas même songé à poser alors ; et que l'on ne saurait demander sérieusement aux banquiers de continuer maintenant l'exécution du traité, quand les événements accomplis depuis deux ans ont rendu cette exécution, c'est-à-dire le placement des titres et le versement des fonds. non-seulement impossible, mais encore absolument inconcevable.

9

§ V.

Cinquième cause de résiliation.

Nous passons à la CINQUIÈME CAUSE DE RÉSILIATION, tirée de considérations spéciales et irrésistibles de justice.

L'équité commandait au Gouvernement d'admettre la résiliation à un double point de vue.

Le *premier* a été indiqué par M. le ministre d'État lui-même dans son discours du 23 juillet 1867 : il se rapporte à la responsabilité de l'État français à l'égard des porteurs d'obligations mexicaines.

Ce n'est pas ici le lieu d'aborder cette question spéciale de la responsabilité du Gouvernement envers les obligataires.

Nous nous bornons à dire qu'elle était posée dès le 4 août 1866, comme l'atteste la lettre de M. Pinard à M. le ministre des finances, déclarant le traité résilié conformément aux réserves écrites dans celle du 9 mai précédent, et comme l'a, du reste, expliqué M. Rouher dans son discours au Corps législatif.

M. le ministre d'État ajoutait que ladite question avait été *réservée* par le Gouvernement, et l'on sait effectivement qu'aujourd'hui le Corps législatif est saisi d'un projet qui alloue, à titre d'indemnité, aux porteurs d'obligations mexicaines, le remboursement d'une partie de leur prix originaire.

Le Gouvernement pouvait-il exiger du syndicat la continuation de l'exécution du traité passé avec lui, lorsqu'il devait allouer une indemnité même aux acquéreurs d'obligations émises directement par le Gouvernement mexicain ?

La négative ne saurait être douteuse.

Si l'État devait indemniser même les porteurs d'obligations *émises par le Gouvernement mexicain*, par la raison que l'émission en avait été faite sous le patronage et avec l'intervention du Gouvernement français ; si le seul fait de patronner ou d'autoriser l'émission d'obligations mexicaines devait être pour l'État une cause de responsabilité, le Gouvernement français ne pouvait pas demander au syndicat de prendre livraison des obligations qui se trouvaient dans les caisses du Trésor public et qui étaient l'objet du traité du 28 septembre 1865: car, lorsqu'un fait doit engendrer la responsabilité de son auteur, on doit s'abstenir de le commettre; l'abstention du fait lui-même est la meilleure réparation qu'on en puisse proposer. C'est là une maxime de raison autant qu'un principe de droit et d'équité.

Envisageons la question autrement, et supposons que les banquiers fussent des acheteurs proprement dits, des acquéreurs purs et simples, sans réserves ni conditions, des obligations provenant de la conversion du titre de rente appartenant à l'État. Le Gouvernement français avait brisé une partie de ces obligations, il les avait anéanties par le revirement de sa politique, *en abandonnant le Gouvernement qu'il avait entrepris d'établir au Mexique.* Pouvait-il encore, dans cet etat, après cette destruction et cet anéantissement, exiger du syndicat le versement des dernières fractions de son prix, en échange d'un papier mort et de titres lacérés qu'il aurait proposé de livrer?

M. le ministre d'Etat a indiqué en ces termes l'impossibilité où s'était trouvé le Gouvernement :

« Nous étions en présence de cette double difficulté que je signale sans la discuter : d'une part, imposer au syndicat Pinard et Cⁱᵉ l'exécution de son contrat; de l'autre, et en même temps, faire face aux réclamations incessantes des porteurs de titres mexicains qui venaient dire au Gouvernement: « Vous nous devez une indemnité! »

» Et pendant que nous examinions ces réclamations qu'a réservées M. Berryer, ainsi que le Gouvernement, nous aurions forcé le syndicat Pinard à prendre ces obligations, à en recevoir la livraison, à les rejeter sur la place, à payer les sommes dont il est encore détenteur ?

» Non, il y avait là une rigueur contradictoire et impossible. »

(Séance du 23 juillet 1867.)

Il faut ajouter que, aujourd'hui, la question de la responsabilité du Gouvernement à l'égard des divers porteurs d'obligations mexicaines se trouve approfondie, et que l'on ne saurait, ce semble, assimiler les *souscripteurs primitifs* aux acheteurs de titres dépréciés.

En appliquant cette distinction, qui, du moins pour les *livraisons non encore faites par le Gouvernement*, ne saurait souffrir aucune difficulté, le Trésor ne peut évidemment pas imposer au syndicat l'exécution du traité ; car le syndicat, si on suppose qu'il n'est pas seulement un intermédiaire, serait tout au moins **souscripteur direct** *pour la totalité des obligations dites de la seconde série*, et, en même temps que le Trésor recevrait de lui comme vendeur le prix des livraisons à effectuer, il devrait lui en rembourser le montant en vertu de la garantie et de la responsabilité qui lui incombent.

La *seconde raison d'equité* n'a pas été indiquée à la tribune, et cependant elle n'a pas été étrangère aux résolutions du Gouvernement.

Depuis longtemps, comme on l'a vu, la détermination du Gouvernement français à l'égard du Mexique était prise, lorsque M. Pinard, donnant suite aux réserves contenues dans la lettre du 9 mai 1866, adressa à M. le ministre des finances une autre lettre lui notifiant la résiliation du traité.

Depuis longtemps la retraite de l'armée française était décidée, la chute de Maximilien certaine ; néanmoins le syndicat, ignorant comme tout le public la véritable situation, avait continué l'exécution du traité : cette exécution n'avait été suspendue, comme on le sait, qu'en mai 1866, au moment où des bruits plus inquiétants s'étaient répandus, et après la publication des dépêches adressées les 14 et 15 janvier par M. Drouyn de Lhuys à M. Dano.

Or l'exécution, ainsi continuée pendant six mois dans l'ignorance des faits et malgré l'abaissement progressif et considérable des cours, avait entraîné pour le syndicat des pertes énormes, et celui-ci ne l'avait pas laissé ignorer au ministre. Les diverses lettres sus-indiquées, adressées les 9 janvier, 9 mai et 4 août 1866 par M. Pinard à M. le ministre des finances, contenaient à cet égard des explications formelles et irrécusables.

Le ministre ne put pas se dispenser d'avoir égard à cette situation.

Les pertes invoquées par la lettre du 4 août provenaient du fait du Gouvernement lui-même, qui, dans l'intérêt supérieur de sa politique, avait laissé ignorer au syndicat un état de choses de nature à entraîner tout aussitôt, s'il eût été connu, la résiliation du contrat.

Cette nouvelle considération détermina et dut déterminer M. le ministre des finances à admettre la résiliation dans les termes où elle était dénoncée par le syndicat des banquiers, c'est-à-dire à partir du jour (9 mai 1866) où l'exécution du traité avait été suspendue.

Si maintenant nous rappelons que, à côté du traité fait avec M. le ministre des finances pour les obligations du Trésor français, il avait existé un traité identique passé avec M. de Germiny relativement aux obligations émises par le Gouvernement mexicain lui-même ; que ces deux traités étaient de même nature, conçus dans les mêmes termes et soumis aux mêmes conditions ; qu'enfin, d'après le témoignage personnel de M. de Germiny, consigné dans la lettre sus-transcrite, *le traité relatif au Gouvernement mexicain avait été résilié de la même manière et par les mêmes causes que nous avons invoquées pour le traité passé avec le Gouvernement français*, que c'est là un fait aujourd'hui définitivement acquis et irrévocable, notre démonstration paraîtra, ce semble, péremptoire et complète.

Disons même que, pour le traité passé avec la commission des finances du Mexique, relativement aux obligations appartenant au Gouvernement mexicain, la résiliation opérait et avait été acceptée par M. de Germiny *à partir du mois de janvier 1866*. Effectivement, au mois de janvier, tout en accordant la prorogation de six mois qui était demandée, M. de Germiny avait consenti, en ce qui le concernait, à ce que l'exécution continuât de se faire par douzièmes, et cette exécution ne devait être reprise qu'au mois d'août, pour être continuée jusqu'à l'expiration du délai de dix-huit mois. Or, la résiliation survenue avait rendu l'exécution impossible pour l'avenir, et M. de Germiny n'avait pas même songé ni pu songer à contester les effets de la résolution pour le passé.

CHAPITRE III.

INSUFFISANCE DE LA RÉSILIATION ACCOMPLIE.

Nous avons démontré, dans les deux chapitres qui précèdent, que le traité du 28 septembre 1865 avait été et qu'il avait dû être résilié.

Mais il ne suffisait pas, comme nous venons de le voir, que la résiliation remontât au jour où l'exécution avait été suspendue par le syndicat.

La résiliation devait avoir lieu par cela seul que, dans les desseins du Gouvernement français, l'abandon de l'empire mexicain avait été résolu et arrêté. Or, en s'attachant à ce premier point de vue, les effets de la résiliation auraient dû remonter au moins au commencement de janvier 1866, époque à laquelle se placent les premières résolutions du Gouvernement français relativement à l'abandon de l'entreprise mexicaine.

C'est au mois de janvier, nous l'avons dit, que remontaient les effets de la résiliation du traité spécial passé avec M. de Germiny, pour les titres appartenant au gouvernement mexicain lui-même.

On sait d'ailleurs que, si le syndicat ne demanda pas la résiliation dès ce moment, et s'il ne l'a demandée depuis qu'après avoir réclamé successivement la prorogation du délai primitif et l'ajournement de l'exécution, c'est que pendant longtemps la politique du Gouvernement à l'égard du Mexique est demeurée secrète.

Le 23 janvier 1866, peu de jours après les résolutions prises et communiquées à M. Dano par les deux dépêches de M. Drouyn de Lhuys des 14 et 15 du même mois, l'empereur, dans le discours qu'il prononça à l'ouverture des chambres, disait :

« Je m'entends avec l'empereur Maximilien pour fixer l'époque du rappel de nos troupes, afin *que leur retour s'effectue sans compromettre les intérêts français que nous avons été défendre dans ce pays lointain.* »

La place destinée aux documents relatifs au Mexique, dans le Livre jaune, resta vide. On trouvait, il est vrai, dans cette publication, la correspondance échangée avec les Etats-Unis, dont le Gouvernement déclarait « ne pouvoir retarder la communication *par suite de la publicité donnée en Amérique aux documents présentés au congrès* » (note insérée dans le Livre jaune); mais cette correspondance, publiée contre le vœu du Gouvernement français, était commentée par lui de manière à laisser toute sécurité aux intérêts engagés.

Dans le courant de mars encore, les débats de l'adresse mettant à l'ordre du jour l'amendement de l'opposition relatif au Mexique, M. Rouher, déclarant que les documents n'étaient pas arrivés, ajoutait qu'il n'y avait aucun inconvénient à différer la discussion et en obtenait le renvoi à l'examen du budget rectificatif.

La confiance du syndicat fut ainsi maintenue jusque dans le mois d'avril 1866, puisque, le 7 de ce mois, il faisait son versement mensuel de 2,909,700 francs, ce qui portait à 17,464,600 francs le total des sommes versées pour les six premiers dix-huitièmes.

Ce ne fut qu'à partir de cette époque, et par suite de la publication qui fut faite des dépêches du mois de janvier, adressées par le Gouvernement français à M. Dano, que la défiance des banquiers fut éveillée, et qu'il put, au fur et à mesure des révélations qui se produisirent, reconnaître la situation véritable. Ce fut ainsi que, le 9 mai, il présenta une demande d'ajournement avec réserves, qu'il devait convertir, le 4 août, en une demande de résiliation du traité passé avec le Gouvernement français.

Mais le syndicat pourrait invoquer une *autre cause de résiliation* par suite de laquelle ce traité devrait être anéanti AB INITIO.

Les faits qui se sont révélés depuis le mois d'août 1866 ont, en effet, démontré que le syndicat a été induit en erreur sur la véritable situation de l'empire mexicain au moment où le contrat est intervenu.

Nous ne reproduirons pas ici toutes les déclarations faites par le Gouvernement français relativement à l'expédition mexicaine dans le courant de l'année 1865. Rappelons-en seulement quelques-unes dans le but de montrer que le Gouvernement s'était attaché avant tout à rassurer l'opinion.

Nous avons déjà parlé du discours prononcé par M. Corta devant le Corps législatif le 11 avril 1865, et dont l'effet avait été si grand sur la Chambre et sur le pays tout entier. Dans ce discours, M. Corta. développant les ressources financières du Mexique et s'expliquant spécialement sur les douanes, avait dit :

« Un ministre des finances du Mexique, M. Lerdo de Tejada, qui a écrit en 1857, porte ce revenu à 80 millions; mais, depuis que l'Australie et la Californie se sont révélées au monde par leurs richesses, les hommes les plus compétents estiment que les ports du Pacifique, qui ne donnaient qu'un faible revenu, sont susceptibles de rapporter 25 ou 30 millions par an. »

Or, si l'on consulte l'ouvrage même de M. Lerdo de Tejada, qui a pour titre : *Mémoire présenté à S. Exc. le Président substitut (Comonfort) sur l'administration des Finances, par Miguel Lerdo de Tejada, Mexico, 1857,* on trouve un résultat fort différent :

« État général, porte ce volume, des valeurs *totales*, appointements, frais d'administration et produits nets provenant des douanes maritimes et terrestres, dans l'exercice couru du 1ᵉʳ janvier au 31 décembre 1855, savoir :
Treize douanes maritimes, quatre douanes terrestres.

Produit brut de 1855 . . . . . . Fr.	43,301,465
Appointements et frais d'administration *à déduire*.	2,820,420
	40,481,045
Non-valeurs *à déduire*.	3,513,055
Produit net de 1855 . . . . . Fr.	36,967,990
Produit net des six premiers mois de 1856. . . . . . . Fr.	16,898,805

Il faut remarquer d'ailleurs que l'année 1855, qui a été pour le

Mexique une année de réforme et d'administration relativement bonne, avait été une des plus productives. Apres celte époque. on était tombé dans la crise révolutionnaire, pendant laquelle tout avait été bouleversé et ruiné. En 1865, *le Moniteur* a bien donné pour les sept premiers mois un chiffre qui pouvait faire espérer une recette d'environ 55 millions pour l'année, mais cette augmentation était due à l'importation exceptionnelle des *marchandises destinées à l'armée française;* ce n'était pas là une recette normale.

Dans la séance du 8 juin 1865, le vice-président du conseil d'État avait dit : « Le Gouvernement mexicain était notre débiteur, pour toutes les opérations, de 39,458,000 francs, il nous en a payé 38,838,000. »

On ne pouvait mettre en doute les ressources d'un gouvernement qui accomplissait si ponctuellement ses engagnements ; mais il n'y avait encore là qu'une illusion.

Les sommes en question avaient été payées au moyen de retenues faites à Paris sur le produit des emprunts mexicains. C'est ainsi qu'en 1864 et 1865 le Gouvernement français préleva environ 101 millions de francs sur le produit des emprunts qu'il avait sous sa main ; pour 1866, on avait encore fait figurer au budget 25 millions à recevoir aux termes du traité de Miramar ; mais la caisse mexicaine étant épuisée, la commission du budget réduisit la recette à 7,500,000 francs, lesquels ne furent pas payés.

Les bulletins insérés au *Moniteur*, qui avait le privilége exclusif d'annoncer les nouvelles relatives à l'expédition du Mexique, confirmaient les déclarations faites aux Chambres. Chaque bulletin annonçait, soit une ville prise, soit un corps de dissidents dispersé; mais le *Moniteur* gardait le silence sur l'inutilité de nos victoires et sur le résultat final de nos opérations.

Cependant quelle était la situation véritable de l'entreprise?

Cette situation est aujourd'hui révélée par des documents qui se rapportent précisément à la période dans laquelle intervint le traité du 28 septembre 1865.

Dans un volume in-8° publié en août 1867, intitulé *la Cour de Rome et Maximilien* (recueil de pièces authentiques sur les rapports de l'empire mexicain avec la cour de Rome), on trouve un **Exposé de la situation**, rédigé par Maximilien lui-même à la date du *29 juin 1865*. Cet exposé est ainsi conçu :

« Il faut le dire ouvertement, notre situation militaire est des plus mauvaises.

» Guanajuato et Guadalajara sont menacés.

» La ville de Morelia est entourée d'ennemis.

» Acapulco est perdue et donne, par son excellente position, un chemin toujours ouvert pour alimenter la guerre et pour fournir l'ennemi d'hommes et d'armes.

» Oajaca est dégarnie.

» San Luis de Potosi est en danger.

» La position militaire est, je le répète, bien mauvaise, plus mauvaise que l'automne passé.

» On a perdu un temps précieux, *on a ruiné le Trésor public*, on a ébranlé la confiance, et *tout cela parce qu'on a fait croire à Paris que la guerre est glorieusement finie*, que d'immenses territoires, plus vastes que la France, étaient redevenus calmes et paisibles.

» Donnant suite à ces rapports complétement faux, on a rappelé une grande partie des troupes, *voulant ainsi gagner l'opposition* : on a laissé un nombre insuffisant de soldats.

» On faisait l'année dernière mille promesses aux malheureuses populations : il se passe une année, et nous voilà dans la position la plus déplorable.

» *Signé :* MAXIMILIEN. »

Il était impossible d'accuser plus nettement la détresse financière et militaire du Gouvernement mexicain à la date du 29 juin 1865, c'est-à-dire deux mois à peine après l'emprunt contracté en son nom sous la forme d'obligations, et près de trois mois avant le traité du 28 septembre de la même année.

Le sentiment universel au Mexique était d'ailleurs conforme à celui de l'empereur Maximilien : « Pas une seule famille du pays, dit une note rapportée par M. de Kératry, pas une maison de commerce ne voulut souscrire à l'emprunt ; en un mot, pas une seule obligation n'a pu être placée, même parmi les impérialistes. »

Le **27** septembre **1865**, la veille même du jour où M. Fould traitait avec le syndicat, M. Dano réglait à Mexico la créance résultant des réclamations de nos nationaux ; outre les **12** millions alloués par le traité de Miramar, on leur attribuait un solde de **23,560,000** francs payables en obligations mexicaines. Les Français résidant à Mexico poussent aussitôt des cris d'alarme ; et, pour les calmer, la légation croit devoir faire insérer dans le journal *l'Estaffette* un avis officieux qui ne faisait que reproduire les assurances données verbalement par M. Dano, et où il était dit que, « dans un avenir plus ou moins éloigné, mais que l'on peut considérer comme infaillible, les obligations sont destinées à se transformer en valeurs françaises. C'est un point sur lequel il n'y a ni doute ni appréhension à concevoir. » (*Mémoire pour les indemnitaires, Albert Gigot.*)

De tels faits sont caractéristiques, et il est hors de doute que, si le syndicat eût connu la véritable situation, il se fût abstenu de signer le traité du **28** septembre.

Le syndicat n'accuse pas la bonne foi du ministre avec lequel il a contracté. Dans les hautes régions du pouvoir il existait encore bien des illusions, et les nécessités politiques ont pu imposer au Gouvernement un silence qu'il était alors difficile de rompre, mais dont il ne serait pas juste que les exposants fussent victimes.

Lorsque, le **4** août **1866**, se fondant sur des raisons déjà indiquées éventuellement dans la lettre du **9** mai et vérifiées depuis cette date, le syndicat avait dénoncé à M. le ministre des finances la résiliation du traité, il n'avait pas cherché à se faire relever des conséquences de l'exécution déjà réalisée.

S'il était possible de revenir sur les faits accomplis, et si M. le ministre actuel des finances pouvait tenir pour non avenus les actes de son prédécesseur, les exposants seraient en droit de réclamer une résiliation, non plus seulement partielle, mais intégrale et *ab initio* du traité en question.

Les exposants font à cet égard les réserves les plus expresses.

Le syndicat du reste, on le sait, pendant le temps qu'avait duré l'exécution, avait subi des pertes considérables par l'effet de la dépréciation survenue dans le cours des obligations.

La vérité à cet égard ressort, comme nous l'avons dit, des déclarations consignées dans les lettres adressées par M. Pinard, représentant le syndicat, à M. le ministre des finances, et qui attestent, tout à la fois, le chiffre des placements effectués et les sacrifices faits par les banquiers et par suite desquels les cours ont pu paraître se soutenir pendant quelque temps.

« Jusqu'à ce jour, écrivait M. Pinard le 9 janvier 1866, le syndicat a déjà effectué le paiement de trois termes, ce qui représente le quart du prix des obligations, bien que, malgré tous ses efforts, il n'ait pu en écouler encore que le huitième environ. »

Le 9 mai, M. Pinard écrivait :

« Dans l'état actuel des choses, en présence du trouble considérable qui règne sur le marché financier, et avec un stock de près de 60,000 obligations mexicaines provenant de précédentes livraisons et restées invendues entre ses mains, il ne saurait aujourd'hui, sans porter à ses intérêts l'atteinte la plus grave, continuer le versement régulier aux échéances des termes stipulés au traité. »

Le 4 août, le jour même où il dénonçait à M. le ministre la résiliation du traité, M. Pinard s'exprimait ainsi :

« Dès le mois de janvier dernier, toute vente d'obligations était déjà devenue pour nous impossible, les cours s'affaiblissant chaque jour, jusqu'à tomber à 125 francs, c'est-à-dire à 60 0/0 au-dessous du prix fixé par notre contrat.

» Telle a été la conséquence immédiate des changements survenus dans la politique du Gouvernement.

» Nous avons fait néanmoins, jusqu'au mois d'avril, des efforts et des sacrifices considérables pour maintenir la position et lutter contre la dépréciation des cours, et nous avons pris livraison des mains du Trésor public du tiers des obligations dont nous étions cessionnaires, espérant toujours que le Gouvernement prendrait quelques mesures pour rendre la vie aux transactions.

» Malheureusement la situation a toujours été en s'aggravant, au point de faire redouter l'interruption prochaine du service des intérêts, des tirages et de l'amortissement des obligations.

» En présence d'une telle éventualité, la plus simple probité ne nous permettait pas de continuer d'offrir au public des titres qui ne représentaient par eux-mêmes aucune sécurité, et *nous nous trouvons aujourd'hui porteurs de 60,000 obligations*, en face d'un marché mort, etc. »

Plus loin, dans la même lettre, les banquiers déclarent « faire appel à l'esprit de haute et bienveillante équité de Son Excellence, pour obtenir du Gouvernement qu'il prenne en grande considération la *quantité de titres mexicains dont ils restaient porteurs par suite de leur* DÉVOUEMENT A L'OPÉRATION. »

Il serait dérisoire, d'après cela, de parler des bénéfices que les banquiers auraient faits ou pu faire par le placement des obligations de la deuxième série appartenant au Gouvernement français; et quant au précédent traité, du mois d'avril 1865, il était intervenu, comme on l'a vu, entre d'autres parties contractantes, entre un syndicat composé d'autres banquiers et le Gouvernement mexicain, non le Gouvernement français. Il ne saurait donc y avoir lieu, comme l'a dit avec raison M. Rouher, de rechercher quel a pu être, pour les parties contractantes, le résultat de ce premier traité, et nous ne nous expliquerons même pas sur l'extrême exagération des allégations produites à ce sujet devant le Corps législatif par MM. Berryer et Pouyer-Quertier.

Il est aujourd'hui démontré que le syndicat qui a contracté le 28 septembre 1865 avec le Gouvernement français a été victime de l'erreur dans laquelle il a été entretenu sur la situation véritable de l'empire mexicain, et que la résiliation consentie après le sixième mois d'exécution a laissé à la charge des banquiers des pertes considérables et qu'ils n'eussent pas dû supporter.

Il est également avéré qu'aucune dissimulation n'a été commise dans le traité du 28 septembre, et que les articulations produites à ce sujet devant le Corps législatif étaient dénuées de toute raison.

Par ce traité, le ministre des finances n'avait fait que régler avec les exposants les conditions de la négociation et du placement des valeurs mexicaines appartenant au Trésor. Le ministre avait traité comme il traite et peut traiter pour la négociation de titres quelconques, sans être astreint à aucune autre obligation que de soumettre les traités conclus par lui à la commission du budget et au Corps législatif, et de faire contrôler le résultat de ses opérations par la Cour de comptes.

Le ministre n'était nullement tenu de publier le traité passé par lui avec un banquier ou une compagnie de banquiers, et, alors que ce traité n'avait pas été publié, on ne pouvait pas reprocher au Gouvernement d'en avoir dissimulé quelques parties, spécialement de n'avoir point fait connaître au public cette clause si simple, si légitime et si nécessaire, que l'on a depuis à tort qualifiée de contre-lettre.

On conçoit au surplus qu'un traité comme celui qui nous occupe ne saurait, à raison de sa nature même, être publié au moment où il intervient. Non-seulement une telle publication n'aurait pas de raison d'être, mais elle aurait pour résultat immédiat, en faisant connaître le taux de l'engagement des banquiers, de susciter des spéculations contraires et qui viendraient entraver le succès de l'opération. Jamais aucune compagnie ne consentirait à s'engager et à prêter son concours à l'État dans ces conditions.

Nous ne rappellerons pas ici des objections de détail qui peut-être ne serontpas même reproduites. Toutes nous paraissent devoir s'évanouir devant la démonstration contenue dans ce mémoire, et delaquelle il résulte, en résumé :

1° Que la résiliation du traité du 28 septembre avait été accomplie, acceptée et exécutée par le Gouvernement, qui n'aurait jamais songé à revenir sur ce fait sans les attaques dirigées depuis à la tribune contre le ministre qui l'avait consenti ;

2° Que cette résiliation était devenue inévitable, et que le placement des obligations avait dû cesser, notamment, parce que le Gouvernement français avait renoncé à établir l'empire mexicain qui devait en être le débiteur ; — parce que le placement eût dû en être fait et continué avec le concours du Gouvernement lui-même, alors qu'il était certain que ni le capital, ni même les intérêts, n'en pourraient être payés ; — parce que, conformément à une clause formelle de résiliation, l'empire mexicain succombait *par la guerre et par la révolution* sans que le Gouvernement français crût même devoir désormais les combattre ; — parce que aussi le Gouvernement ne pouvait rester sourd aux réclamations des porteurs d'obligations mexicaines, et qu'il n'était pas possible que, dans ces circonstances, il contraignît les banquiers, acheteurs ou intermédiaires, à recevoir, moyennant le versement d'un prix désormais sans cause, des titres qu'il aurait lui-même vendus et dont il devait la garantie.

PAR CES MOTIFS,

L'exposant persiste dans les conclusions de son pourvoi.

LÉOPOLD FOSSE,

Docteur en droit,
avocat au Conseil d'État
et à la Cour de cassation.

V. GROUALLE,

Président de l'Ordre des avocats
au Conseil d'État et à la Cour de cassation.

* 9 7 8 2 0 1 3 4 9 4 4 8 9 *